读懂中国精神
—— 系列 ——

《环球人物》杂志社
主编

国之脊梁

中国科学家的家国天下

人民东方出版传媒
People's Oriental Publishing & Media
东方出版社
The Oriental Press

让科学家精神闪耀新时代

百年未有之大变局加速演进，全球科技创新风起云涌。站在新的历史起点，习近平总书记深刻揭示国家兴衰的"历史逻辑"，提出"科技兴则民族兴，科技强则国家强""抓创新就是抓发展，谋创新就是谋未来"。

伟大的事业产生伟大的精神。中华民族科技事业的发展史，就是一部书写科学家精神的历史，从第一颗原子弹爆炸成功让中国人挺直脊梁，到嫦娥六号携带月球背面样品成功返回地球，创造中国航天新的世界纪录；从一颗螺丝钉也要进口到大国重器彰显创新底气，科学技术从来没有像今天这样推动国家进步、造福人民生活。我国用几十年的时间走完了西方发达国家几百年走过的工业化历程，建成全球最完整、规模最大的研发体系和工业体系，进入创新型国家行列，生产力水平和科技创新能力大幅提升。

在我国科技事业不断发展壮大的过程中，在一代代科技工作者勇攀高峰的接续奋斗中，科学家精神孕育而生，其内涵不断丰富发展。2019年，中共中央办公厅、国务院办公厅联合印发《关于进一步弘扬科学家精神加强作风和学风建设的意见》，要求大力弘扬胸怀祖国、服务人民的爱国精神，勇攀高峰、敢为人先的创新精神，追求真理、严谨治学的求实精神，淡泊名利、潜心研究的奉献精神，集智攻关、团结协作的协同精神，甘为人梯、奖掖后学的育人精神。

习近平总书记在《求是》杂志 2023 年第 15 期发表重要文章《加强基础研究实现高水平科技自立自强》指出："我国几代科技工作者通过接续奋斗铸就的'两弹一星'精神、西迁精神、载人航天精神、科学家精神、探月精神、新时代北斗精神等，共同塑造了中国特色创新生态，成为支撑基础研究发展的不竭动力。"正是这样的精神力量，对今天的科技创新、发展新质生产力产生了重要的激励作用。

《国之脊梁——中国科学家的家国天下》一书由《环球人物》杂志社主编，精选了当代中国 30 位科学家的故事，向广大读者呈现了从新中国成立前后到新时代，一代又一代的科学家前赴后继扛起了中国科技进步、科技强国的重任，用爱国精神、创新精神、求实精神、奉献精神、协同精神，推动中国科技不断向前发展。让我们再次重温这些闪光的名字：为祖国科技事业作出卓越贡献的钱学森、"中国杂交水稻之父"袁隆平、一生只为大国重器的孙家栋、16 年送出 43 颗星的北斗设计师谢军……他们在不同领域，孜孜不倦、一心为国为民的奋斗精神，严谨踏实的钻研精神，值得我们学习和铭记。

新时代新征程，用科学家精神铸魂育人，将科学家精神代代相传，创新中国的逐梦征程必将步履坚实。创新驱动的"中国号"航船正在新时代航程中乘风破浪，向着科技强国的目标奋勇前行！

编者

目　录

第一章　矢志报国　皆为国之崛起

003 ｜ 现代桥梁奠基人茅以升：心中有另一座桥

010 ｜ "百草婆婆"胡秀英：对得起香港，对得起中华民族

016 ｜ 科学巨擘钱学森：他的伟大源于爱国

024 ｜ "核司令"程开甲：自己硬闯出一条路

034 ｜ "中国稀土之父"徐光宪：改变世界稀土格局

045 ｜ 材料科学家师昌绪："好管闲事"的院士

051 ｜ 建筑大师吴良镛：让人们诗意地居住在大地上

058 ｜ "中国催化剂之父"闵恩泽：国家需要什么，我就做什么

064 ｜ 爆炸力学"开拓者"郑哲敏：国家的需求，就是我的专业

072 ｜ 诗意数学家谷超豪：解题岂一法，寻思求百通

第二章　不忘初心　挺立民族脊梁

079 ｜ 焊工院士潘际銮：把自己同国家命运"焊接"在一起

086 ｜ "卫星之父"孙家栋：一生只为大国重器

092 ｜ 痴迷植物的"独龙江女侠"李恒：像白菜一样自然生长

098 ｜ "魔稻祖师"袁隆平：禾下乘凉梦

106 ｜ 歼 -8 总设计师顾诵芬：生命不息，上班不止

116 ｜ "90 后"肿瘤专家汤钊猷：一心报国，不惑之年再出发

123 ｜ 歼 -10 总设计师宋文骢：要把我们的飞机造得更好

129 ｜ 棱角屠呦呦：非常诺奖之路

140 ｜ "小麦之父"李振声：不愿做科学界的英雄

147 ｜ "嫦娥之父"欧阳自远：想看看月亮另一面

第三章　牢记使命　铸就复兴之路

155 ｜ 北斗先驱许其凤：从 0 到 1 的突破

160 ｜ "深海勇士"汪品先：演绎科考版"老人与海"

170 ｜ "战略科学家"钱七虎：为国防工程铸就"金钟罩"

178 ｜ 港珠澳大桥总师林鸣：让世界看到中国工程奇迹

188 ｜ "第三代航天人"周建平：中国空间站向全世界开放

196 ｜ 北斗设计师谢军：16 年送出 43 颗星

204 ｜ "红桃皇后"杨丽芝：舔石头知水量

210 ｜ "60 后"施一公：做学问是最浪漫的事

220 ｜ "70 后"潘建伟：与量子"纠缠"二十多年

226 ｜ "超算追梦人"杨超：让理想照进现实

第一章

矢志报国
皆为国之崛起

当前，我国正处于以中国式现代化全面推进强国建设、民族复兴伟业的关键时期。全党全国各族人民要以英雄模范为榜样，团结奋进、砥砺前行，汇聚起共襄强国盛举的磅礴力量。要胸怀强国之志。以国家富强为念，以人民幸福为盼，忠心爱国、矢志报国，把个人小我融入国家大我，在为国尽责、为民服务中实现个人价值、展现人生风采。

——2024 年 9 月 29 日，习近平总书记在国家勋章和国家荣誉称号颁授仪式上的讲话

现代桥梁奠基人茅以升：

心中有另一座桥

　　茅以升（1896 年 1 月 9 日—1989 年 11 月 12 日），字唐臣，江苏镇江人。中共党员，九三学社社员，生前系九三学社中央名誉主席，中国铁道科学研究院院长，中国科学技术协会名誉主席，土木工程学家，桥梁专家，中国科学院院士，美国工程院院士，"中央研究院"院士。

　　茅于润，茅以升之子，中国音乐家协会理事，九三学社上海音乐学院支社原主任。1943 年毕业于前重庆青木关国立音乐学院，小提琴专业；1947 年获得美国茱莉亚音乐学院小提琴表演学士学位；1948 年获得美国哥伦比亚大学英国文学硕士学位。

> 　　人生乃一征途耳，其长百年，我已走过十之七八，回首前尘，历历在目，崎岖多于平坦，忽深谷，忽洪涛，幸赖桥梁以渡，桥何名欤？曰奋斗。
>
> 　　　　　　　　　　　　　　　　　　　　　　——茅以升

　　我出生在父亲是名人的家庭里，从而决定了我一生与大多数中国人不同的命运。父亲因设计、领导建造杭州钱塘江大桥而闻名于世。多年来，有关他和此桥的历史渊源——造桥、炸桥、修桥，已有大量文字记录，我无须再画蛇添足。

我曾在报刊上见过不少歌颂某些名人、要人的文章，作者还"烘云托月"地把他们的子女也捧上了天，使人看了难免喷饭！我父亲显然不是此类英雄豪杰。据我所知，他一生遇到的许多难题，无论工作上的、家庭方面的，还有许许多多有关他的"私"字的，在他离开这世界以前，都没有得到圆满的解决，没有能如愿。这当然是正常的：名人也是"人"，他也无法摆脱困扰"人"的种种局限、牵缠和七情六欲。

父亲的一生走过了不少非一般人所能想象的辛酸坎坷路。我还记得他在晚年常常和我们谈的一段话：人生乃一征途耳，其长百年，我已走过十之七八，回首前尘，历历在目，崎岖多于平坦，忽深谷，忽洪涛，幸赖桥梁以渡，桥何名欤？曰奋斗。

父母生了六个子女，我们虽然都留过学，受过良好的高等教育，但后来的成就与幼年时代受父亲影响而产生的宏大志向都相去甚远，望父莫及，望己兴叹。如今，我们都垂垂老矣，回顾一生，壮志未酬，辜负了他的厚望，常引为终身憾事。

父亲的五个"早"

父亲有五个"早"，分别是大学毕业早（18岁）、留学早（21岁）、得博士学位早（24岁）、当大学教授早（25岁）、当大学校长早（29岁）。父亲从唐山路矿学堂（大学）毕业时不仅年岁小，而且成绩好，在校四年，年年考第一。

我小时候，母亲常跟我说，大学里一位送信的邮递员，总在学期终了送信时和母亲随便聊起："考第一名的又是那个小个子姓茅的，别看他的个子小，将来一定能干大事。"那时，那位邮递员还不知道这位"姓茅的"就是她的丈夫。他的话后来果真应验了。之后，父亲考取了清华留美研究生，在康奈尔大学获得了硕士学位，在卡内基·梅隆大学获得了博士学位，还创造了"茅氏定律"（1919 年 10 月，茅以升在美国的博士学位论文《桥梁框架之次应力》完成，全文共 30 多万字，在美国土木工程界引起强烈反响，其中提出的一些新力学理论被称为"茅氏定律"）。那时，他年仅 24 岁。

我想接着那位邮递员的话谈谈父亲的学习方法：他多次告诉我们，在学校上课，最重要的，除了自身无法改变的条件——天资外，就是要彻底地弄懂每天上的每一课的内容，不能等到第二天；其次是把时间分配好，根据学科的难易程度合理安排时间表，严格执行，雷打不动。即使某一科在规定的时间内未能完成，也不延长，留诸日后补上，随即进入下一科，使各科均不落后，齐步向前。他的这种学习方法帮助他在求学的道路上一帆风顺。

我曾经照办过，效果很好，但未能持久。不少学者都提出过不同的学习方法，各有千秋，不可一概而论。但无论用什么方法，贵在锲而不舍、持之以恒。大家都承认运动好，但有多少人是经常运动的？所以，父亲常说："知而不行，无济于事，只有坚持才是成功之母。"

把名人"之后"变为"之中"

父亲因领导建造钱塘江大桥而闻名于世。我家那时都认为，他的成功主要是由于他去美国留过学。因此，年轻时，我也把去美国留学看成是功成名就的必由之路。

父亲对子女的教育、学习从不横加干涉，他常对我们说："只要学出个名堂来，学什么都可以。中国有句成语叫作'名列前茅'。'茅'字在此成语中的意思就是用一种叫'白茅'的植物所编织的旌旗，它应该走在最前面。你们有幸姓'茅'，不要辜负祖上传给你们的这个激励人上进的、稀有的好姓氏！"

父亲的民主精神可从他的子女所学的专业中得到答案：我们六个人中有学物理、文学、音乐、制药、地理、心理的，但没有一人是学桥梁的。可是，有时过分的民主也会让孩子们放任自流，步入迷途。我选择了音乐，更是有如"盲人骑瞎马，半夜临深池"。他不但没有阻止，反而在我的盲目坚持下尽力促成。

父亲的数学很好，他年轻时能把圆周率背到小数点以后的第一百位。但很遗憾，他这份基因没有遗传给我。我那时在初中上学，对数学不感兴趣，有时还考不及格。后来，父亲不知从哪里听来的，说是音乐可以陶冶、改变人的性格。于是他多方打听，想找个音乐老师来教我音乐。那时，我大约是 10 岁，正好，邻居中有一位叫丁继高的会拉小提琴，父亲就为我买了一把玩具小提琴，请他来教。于是，我把它当作我应该追求的人生的最大幸福、最大目标和最大快乐。我暗自下了决心：将来也要做个小提琴家。

父亲心中一直有另一座桥，他希望通过自己的教育，让子女"成名成家"。我很小就知道父亲是个名人，因为在报上常常见到他的名字。在杭州时，我常看见和他来往的客人如竺可桢、侯德榜，以及科学界的许多朋友，都很知名。他们经常乘坐汽车出入（那时坐汽车的人很少），受人尊敬，他们的生活比普通人优越得多。我不费吹灰之力就成了个名人"之后"，这个"之后"使我近水楼台先得月，窥见这月宫内的、芸芸众生以外的、显赫名人的另一种生活，羡慕不已，企盼不已。我立志要把这名人"之后"变为"之中"。

书到今生读已迟

父亲常教导我："人，一定要和某种事物联系在一起。现在人们一提到

'桥'就会想到我，希望以后人们一谈到'小提琴'就会想到你。"

1940 年，我考入了重庆青木关国立音乐学院。1943 年，我见到我校一位同学去了美国，她父亲是当时国民政府的财政部次长。受其影响，我这留美夙愿不由得萌动，遂向父亲提出："我也想去美国。"父亲造了钱塘江大桥后，在社会上出了名，一个人有了"名"，就会有千丝万缕的社会关系，我就是在他的这些社会关系的帮助下圆了这场美国梦。

我赴美前夕，父亲亲自为我买了《古文观止》《唐诗三百首》《宋词选》等书籍，还有毛笔、墨、宣纸、砚台这些"文房四宝"。他在机场给我的临别赠言，我至今仍记忆犹新。"你到美国去，千万不要把中文丢掉。中国人口占全世界人口的 1/5，将来中文必有大用处。除了你的专业外，当然要在美国花大力气、大功夫把英文学好。一个国家的语言文字，不花大功夫、大力气，是学不好的。千万不要学成个假洋鬼子，说不出一句完整的英语句子，只会在中文里夹几个英文单词，而且别人还听不懂！一国的语言当然可以译成别国文字，但只能译故事情节，不能译'诗'。各国语言都有它们自身的美，这个'美'是翻译不出来的，我不相信英文能翻译唐诗、宋词；也不相信中文能译出莎翁和勃朗宁的诗的'诗'意。唐诗之'美'只能用中文来表现。所以，中文要学好，仅仅看白话文还不够，还要学一些古文。中文的感觉有一大部分来自古文，没有一定的古文修养，中文也难学好、写好。"但抵达美国后，我忙于学校的功课、练琴、学英文，连一页中文也没有看过，一个毛笔字也没有写过，辜负了父亲的好意，今日思之，仍感十分愧疚。

不少人都知道，30 多年前，翻译家傅雷先生写给他儿子的信札《傅雷家书》传播甚广。听到傅先生这本"家书"，我就联想到，父亲其实也有值得一谈的"家书"。在我赴美留学期间，父亲为了提高我的英文水平，便用英文和我通信，我也用英文回信，他再把我每封信中的错误改正后寄回，作为我的一种英文作文练习。他在我的信上密密麻麻地用小字指出我在语法上、拼法上、习惯用法上的种种错误，我后来分门别类地加以整理，像是一本很适用的小字典。他的信，除了提高我的英文水平，对我的学习方法、为人处世，也都大有裨益，我一直把它们当作至宝珍藏着，直到"文化大革命"被红卫兵抄走。

当时年幼无知，我完全不知道学音乐、学艺术、学文学，还需要具备与生俱来的种种条件，否则为什么古人说过那样一句至理名言——"书到今生读已迟"？这条件包括自身的、家庭的和社会的，缺一不可。世界上没有一位成功的音乐家是不具备这些条件的。

美国之行给我最大的收获是它粉碎了我成名成家的美梦！使我懂得：美国并不能把庸才变成天才！于是，我从云雾中的"音乐家"之梦坠落，在地面上安于做一个与我理想中的"家"字相去十万八千里、标有"教授""主任""演奏员"等头衔的音乐工作"者"而活到了今天。

回忆几十年来，我的大部分时间都用于政治运动、上山下乡、学习毛主席著作和接受批判、斗争，成名成家之念早已置之脑后。

"辽鹤归来，故乡多少伤心地"

父亲于 1933 年至 1937 年在杭州领导建造钱塘江大桥时，我们兄弟姐妹也在那里度过了童年。当时，他工作繁忙，我们虽有时同居一处，也常一两日不见。只要他偶尔回来早些，我们就拉着他到客厅里去天南地北地话家常。谈话内容总离不开我们各自的"鸿鹄之志"：有的要当科学家，有的要当文学家，有的要当音乐家，有的要当心理学家，有的要当医生……父亲听后总是说："无论你们要成什么名，当什么家，都要有真才实学，千万不可做个貌似巨人而实为欺世盗名的江湖骗子！此类怪物我确实见过不少，他们最多也只是被某些要人、名人吹捧得昙花一现而已。"

他的话有新意、有深意，我们都铭刻在心，并作为我们行动的指南。1937年秋，日寇逼近杭州，我们一家人撤离到大后方。此后，这钱塘江畔的故居便成了我永恒的记忆。2007年，在阔别了杭州70年之后，我专程前往，重温旧日儿时梦。我最想见到的当然是我生活过的旧居和父亲办过公的一幢大楼。幸而我还记得那时我家的地址是西大街开化路8号，我访问了几位老人才找到。

从大门外见到它坍塌的围墙时，我有恍如隔世之感。一进门，见到的一切皆破旧。整个房屋经过"文化大革命"浩劫、违章搭建、年久失修，千疮百孔。花园早已不复存在。草地上挤满了简易房屋，住了多户人家，大人、孩子，人声嘈杂，走廊上还挂着尿布，下面放着小马桶。这一景象令我惊愕不已。

我记得父亲当年使用过的办公大楼坐落在杭州闸口的一处小山冈上，父亲带我去过多次。他常在此用望远镜远眺大桥工程的进展，没想到这栋大楼已荡然无存。我站在小山冈上远眺，父亲的铜像和晨曦中的大桥尽收眼底。桥下江水滔滔，风帆点点，薄雾蒙蒙，如梦似幻。

70年来，我去过世界上的不少地方，见到过纽约的摩天大楼、斯德哥尔摩内海上灯光闪烁的夜景、孟买一望无际的海滩……但常使我萦怀在心的还是钱塘江水流过的这块平常的、我独一无二的故乡。我不由得想起周邦彦的诗句："辽鹤归来，故乡多少伤心地。"钱塘江水从大桥下奔流东去，也带着父亲一生的辛劳和成功的喜悦，从他子女们的心坎上流过。

父亲，您安息吧！

（茅于润/口述　铁雷/整理）

"百草婆婆"胡秀英：

对得起香港，对得起中华民族

胡秀英（1910 年 2 月 22 日—2012 年 5 月 22 日），原籍江苏徐州，国际著名植物学家。香港中文大学中医学荣誉讲座教授、生命科学学院名誉高级研究员、崇基学院资深导师，美国哈佛大学安诺树木园（Arnold Arboretum）荣休高级研究员。2001 年，香港特别行政区向胡秀英教授颁授铜紫荆星章，以表扬其毕生对植物学及中医药研究的卓越贡献。2002 年，胡秀英被评选为香港中文大学第一届院士。

> 植物学是一门有趣味、有魔力的冷门科学，从事植物学研究的人，首先要有使命感，其次要有健康的身体、坚强的意志以及优秀的品格。
>
> ——胡秀英

胡秀英教授平易得像老祖母。在她香港中文大学的办公室里，学生送来的各种小玩意儿把这里装饰得有一种家的感觉，只有香港特区政府 2001 年颁给胡秀英的"紫荆花勋章"让这里显得与众不同。从周一到周六，她每天早上8点来到办公室，工作到下午4点离开。她半开玩笑地说："我每天8点，准到办公室来。如果到了10点钟还不见来，就一定是死在家里了。"

胡秀英说："我生于清末，经过三个时代。"和她聊天，会感觉她超然于三个时代的变幻，一心一意地埋首于自己研究的领域。坐在她的办公室里，从她的标本室走过，会油然而生一种尊敬之情。

从小就和草药结缘

1910年2月22日，江苏省北部徐州的农村洼地，一对夫妇诞下一个女娃。女娃的兄姐中，已有三人死于脐风（破伤风），父亲怕她也不能幸免，便冒雪跑到外面的村镇，买了防脐风的中草药给她服用。女娃侥幸活了下来，她的名字叫胡秀英。

胡秀英4岁丧父，自幼与母亲相依为命。母亲下田耕作，她则送饭到田，边读书，边劳作。母亲虽是不识字的乡下人，却开通得很，不要求她裹脚。胡秀英回忆："我的妈妈又贤惠又能干，是全村第一号能干人。"

当时有基督教教会在胡秀英的家乡办学，胡母带着她前往求学，获准留校入读。胡秀英说："我在基督教小学读书，在家里吃饭、睡觉，花不了多少钱。读完四年级，我跟着邻村一家的孩子进城读中学，要走50里路，从早上走到下午才到，累得不得了。到了晚上我想找妈妈，妈妈不在，就哭了，所以我在那所学校得了一个外号叫'哭的小孩'。"胡秀英因为表现出色，获得助学金。1926年，她考入南京金陵女子文理学院，修化学及物理学，后转读生物学。

大学毕业后，大学的植物学老师把她推荐到当时拥有全国最大标本室的广州岭南大学。由于胡秀英一直希望能找出当年使她没有像其他兄姐一样死于脐风的中草药，所以她的第一项研究就是"中国之补品"。从此，胡秀英与中草药结下了不解之缘。

1938 年，经友人介绍，胡秀英带着母亲到四川成都，出任华西协和大学生物系讲师。胡秀英说，在成都时，她还因为英语流利，担任了成都国际妇女会的会长。"有美国的军队来，妇女会的人就联合起来，请美国的军官到家里吃一顿饭。"谈起那段战争岁月，胡秀英依然记忆犹新，她说："炸弹掉到河边的房子上，把房子炸得干干净净。我的房子也被炸了，在朋友家里住了三个月。有一天，我带着三个学生回家。母亲从家里迎出来，我刚想向母亲介绍他们三个，炸弹来了，我扭头一看，一个学生已死在旁边。"

在成都教学期间，胡秀英多次带学生上川西雪山采药。有一天，她在重庆九峰山发现了一棵长着绿叶结红果、高三丈的植物，疑是冬青（后证实非冬青）。结果她带着标本到重庆中国科学院标本馆做了三个月研究，其后写下了 300 篇有关冬青的论文，并发表了《成都植物名录》和《成都生草药用植物之研究》。这项工作受到在美国有"植物分类之父"之称的哈佛大学 E. D. 梅里尔（E. D. Merrill）博士的赞赏，于是，哈佛大学为胡秀英颁发了奖学金。

三年读完哈佛博士

1945 年，胡秀英正式被哈佛大学录取。一提起这段经历，胡秀英笑着说："哎呀，真是神的恩典！给了全额的奖学金。我念哈佛大学没花一个钱。全世界最好的大学，念了三年，没花一个钱！"

胡秀英在哈佛大学女子书院攻读博士学位期间，不分昼夜地继续研究中国冬青，她是当时在美国唯一研究中国冬青的研究人员。在原先有关冬青的300篇论文的基础上，她又陆续发表了300篇论文，尚未毕业，她的论文集就由哈佛大学出版了。1949年，胡秀英获颁授博士学位和哈佛大学优秀学生奖，从此成为冬青专家，在国际植物学界得"Holly Hu"之称——Holly是冬青的英文名字。胡秀英说："那时我40岁了，想回中国做点事，所以书念得相当快。三年拿到博士学位，哈佛大学以前没有这个纪录。"

毕业后，胡秀英非常想回国，可是时局变化难以成行，她就留在哈佛大学的安诺树木园从事研究工作。她说："在美国的中国留学生，不准回国，没办法。当时哈佛给了我一个工作，是做中国的植物研究。我是一个中国人，我只做中国的东西，不做外国的东西。"胡秀英一边工作，一边做研究。她对植物的着迷程度远远超过常人，经常整夜工作却不以为苦。她说："中国人在哈佛大学工作不容易，若做得不如美国人，他们看不起你；若比美国人做得好，他们妒忌你。"

在哈佛那些年，胡秀英忙得几乎没时间交朋友。但幸运的是，在这里她遇到了后来成为她丈夫的徐明远。徐明远是个医生，曾经留学英国，当时在哈佛医学院工作。因为结婚晚，又忙于事业，胡秀英没有生孩子。

1957年，胡秀英获得美国科学成就奖，但她始终认为："美国不是我们中国人住的地方。我不喜欢住在美国。"胡秀英一心想为中国植物学做更多的工作。由于自己从中国农村到世界最优秀的学府工作，胡秀英深知求学机会难得，因此屡屡提携后辈，她曾自己出钱安置多名年轻的中国植物学者到哈佛大学深造，热心栽培，倾囊相授。

回到香港，制成"三冬茶"

1968年，胡秀英应邀赴香港中文大学崇基学院任高级讲师。走之前，胡秀英对她哈佛的上司说了谎。"我要去香港。""你去香港做什么？""采标本。"胡秀英就这么到了香港。"礼拜一二三四教书，礼拜五六日采标本。我采了2.4万套标本，建设了香港中文大学生物系植物标本室，这里所有的书籍也都是我本人的，都给了中文大学。这个标本馆就是我的实验室。"

在香港，提到胡秀英，人们更念念不忘的是她发明的"三冬茶"。20世纪70年代，胡秀英促成了"中药研究中心"的建立，她也成了"三冬茶"研究计划的顾问。中国人喜欢喝凉茶，香港人更是离不开凉茶。而"三冬茶"内含有三种冬青科植物，能对抗传染病感染，让传统的凉茶突破了传统，造福百姓。胡秀英介绍说："因为只有冬青在冬天可以生活，所以大家相信能在寒冷的天气生活的植物就可以治病。我研究用三种冬青做凉茶，把研究的结果做出来，向政府注册，只有从政府拿到执照才能做，这个'三冬茶'的执照卖了100万元，给崇基学院做奖学金，我心里舒服。"

胡秀英还告诉记者，冬青在欧洲和美国根本不会被食用，外国人圣诞节的圣诞树就是冬青，只有中国人把它做成茶，这也是中国人的聪明之处。

背着行囊，足迹遍天下

在植物学界，人们称胡秀英是"百草婆婆""凉茶专家""会走路的植物百科全书"。"植物学是一门有趣味、有魔力的冷门科学，从事植物学研究的人，第一要有使命感，其次要有健康的身体、坚强的意志以及优秀的品格。"这是胡秀英认为一个植物学家应有的情操。

20世纪四五十年代，全球只有七位从事野外采摘的女植物学家，胡秀英便是其中一员。她每天背着背囊，跋山涉水，喝的水都变成汗，但她乐此不疲。胡秀英不但亲自到野外采集植物标本，还访问了欧洲、南北美洲、大洋洲及亚洲的大植物标本馆，查看中国植物标本。

在香港任教时，她课余踏遍香港山头，为香港植物留下了珍贵的记录。1975年，从香港中文大学退休之后，胡秀英以不支薪的方式继续她的研究工作，每天工作十小时以上。香港中文大学生物系植物标本室就是她的工作基地，她每天到野外采集，压标本，写作，从无间断。胡秀英介绍自己的工作习惯："我不带水，吃的带一点，也不带多少，吃饱喝足做一天。要到山上去，工作累了就回来。回来还不算完，采标本后要压起来，压完后还要封起来，要烘干，订起来放在标本馆里。所以回来还是有很多事。不容易，没有很多人愿意做这些事。"

胡秀英乐在其中，她笑着说："高山、海边、湖边，香港没有我没去过的地方。年轻的时候有力气。"其实，她所说的"年轻的时候"已经是"退休的时候"了。退休后，胡秀英的足迹远至墨西哥、澳大利亚、新西兰、韩国、泰国、印度、意大利、瑞士、比利时、英国等地。20世纪80年代初，胡秀英到内地九所大学巡回讲学，她走了1.6万多里路。

胡秀英讲话中气十足，始终面带微笑。她说自己是运动家，喜欢玩，"爬山和打球是强项。打棒球我接球，打棍球我是领队，凡是玩的都有我"。问起她的养生之道，她报以一笑："能做的就做，不能做的放松，做不到的不要老放在脑子里。"她的生活十分简朴，家中洗过东西的水要拿去花园浇花，纸张定要写满。而她节省下来的钱，大多捐给学校、慈善机构。她是穷苦人家出身，一直靠奖学金读书，如今看到后辈有机会受益于奖学金，她很快乐。

（文／余思之）

科学巨擘钱学森:
他的伟大源于爱国

　　钱学森（1911年12月11日—2009年10月31日），中共党员。1934年钱学森毕业于上海交通大学，1935年赴美国麻省理工学院留学，翌年获硕士学位，后入加州理工学院，1939年获航空、数学博士学位后留校任教并从事应用力学和火箭导弹研究。1955年回国后，历任中国科学院力学所所长、国防部第五研究院院长、第七机械工业部副部长、国防科委副主任等职务。为中国火箭、导弹和航天事业的创建与发展作出了杰出的贡献。获中国科学院自然科学奖一等奖、国家科技进步奖特等奖、"小罗克韦尔奖章"和"世界级科技与工程名人"称号，被国务院、中央军委授予"国家杰出贡献科学家"荣誉称号，获中共中央、国务院、中央军委颁发的"两弹一星"功勋奖章。

我的事业在中国，我的成就在中国，我的归宿在中国。

——钱学森

父亲教他"生当有品"

自 2009 年 10 月 31 日起，杭州市上城区马市街方谷园 2 号——这座白墙黛瓦的小院，从"钱学森旧居"更名为"钱学森故居"。

一代科学巨擘钱学森，1911 年出生于此，并在这里度过了三年孩提时光。后来，他随父到北京读书。1929 年，钱学森考入上海交通大学。为了"和独子离得近些"，父母又把家从北京搬回杭州。至今，这个小院的房产所有人一栏还登记着"钱学森"的名字。

据考证，钱学森是吴越国王钱镠（852—932 年）的第 33 代孙。作为吴越钱氏宗脉发源地，杭州钱氏历代名人辈出。而当今最为著名的，应数钱均夫和钱学森父子以及钱学森的堂侄钱永健（2008 年诺贝尔化学奖得主）。

钱学森的祖父是一位丝绸商人，家境殷实。父亲钱均夫，早年就读于杭州求是书院，后留学日本，研修教育学。回国后，钱均夫在上海成立"劝学堂"，提倡"兴教救国"，颇具影响力。1911 年，也就是钱学森诞生的那一年，钱均夫出任浙江省立第一中学校长。钱学森的母亲章兰娟是杭州富商之女，受过良好教育。她的记忆力和计算能力超群，具有数学天赋。有人说，钱学森在科学方面的才华，正是来自母亲的遗传。

早在三岁时，钱学森就已表现出非凡的记忆力，他能背诵上百首唐诗、宋词，还能用心算加减乘除。邻居因而传言钱家生了个"神童"。五岁时，他已能读懂《水浒传》。三十六天罡、七十二地煞，都是他心目中的英雄。有一天，他对父亲说："英雄如果不是天上的星星变的，那我也可以做英雄了。"父亲高兴地说："你也可以做英雄。但是，必须好好读书，努力学习知识，贡献社会。"

钱学森之子钱永刚谈起父亲的成长经历，颇多感慨。钱永刚说，父亲小时候并非"神童"，也不是那种每次考试拿第一的尖子生，但家学传承对父亲的教育和影响不容忽视。钱永刚告诉记者，钱家在教育子女方面，只有两个字："身教。"钱学森后来常说："我的第一位老师是我父亲。"博学多才、谦和认真的钱均夫，营造了家庭宁静的文化氛围与求实精神，这对幼年钱学森的成长至关重要。

钱永刚动情地向记者讲述了父亲当年出国时的一个细节。1935 年 8 月，钱均夫送钱学森赴美留学，父子一同登上"杰克逊总统号"美国邮轮。临开船时，钱均夫从衣袋里掏出一张纸条，郑重地塞到儿子的手里："这就是父亲送给你的礼物。"说罢，老人快步走下舷梯。钱学森怔怔地望着父亲的背影消失在出口处，这才连忙打开手中的纸条。只见上面写着：

人，生当有品：如哲、如仁、如义、如智、如忠、如悌、如教！

吾儿此次西行，非其凤志，当青春然而归，灿烂然而返！

——乃父告之

钱学森看罢潜然泪下。他默念着父亲的临别教诲，踏上了赴美留学之路。

"卡门-钱学森公式"

1935 年 8 月，经过 20 个日夜的海上颠簸，钱学森乘坐的"杰克逊总统号"邮轮，终于抵达美国。

在麻省理工学院航空工程系学习一年后，钱学森决定将航空理论作为自己的研究方向。1936 年，他从美国东海岸的波士顿来到西海岸的加州理工学院，拜见著名的空气力学大师冯·卡门，希望拜入其门下。冯·卡门被他的聪慧和敏捷打动，收下了这个弟子。

在加州理工学院，钱学森从第一学期开始，就表现出了惊人的才华。

他不仅学习航空知识，还广泛选修物理、化学和数学等基础理论课程。他总能机敏地提出一些深刻而复杂的问题。冯·卡门曾回忆道："我记得，物理系的大理论家保罗·爱泼斯坦教授有一次对我说：'你的学生钱学森在我的一个班上听量子力学、相对论等选修课，很出色……你觉得他是不是有犹太人血统？'"当时，西方科学界普遍认为，只有犹太学生是最勤奋、最聪明的，哪能想到一个中国人会如此出色。

20 世纪 30 年代，飞机的飞行速度和高度，是决定空军实力强弱和空战胜负的关键。当时，美国的航空工业落后于欧洲，迫切需要取得突破。1939 年，钱学森以四篇博士论文，获得了航空和数学两个博士学位。文中，他与冯·卡门合作提出的亚音速空气流动理论，为飞行器克服音障和热障提供了依据，直接促成了美国超音速飞机的诞生。这就是航空科学史上具有划时代意义的"卡门－钱学森公式"。获得博士学位后，钱学森和冯·卡门又一起投身导弹研究，为美国及同盟国在二战中的胜利作出了贡献。

与音乐家妻子的浪漫爱情

二战的硝烟散尽后，钱学森于 1947 年夏天回国探亲，回到了他的母校上海交通大学，并与未婚妻蒋英完婚。

钱蒋两家是世交。蒋英五岁那年，钱学森母亲就向蒋英的父亲、著名军事教育家蒋百里提亲："你们这个老三（蒋英排行老三），将来得给我当儿媳妇。"

就在钱学森留学美国的同一年，蒋英考入柏林音乐大学声乐系。蒋百里赴美国考察时，把蒋英在欧洲留学的照片拿给钱学森看。照片中，脸上泛着动人微笑的蒋英，依然是钱学森记忆中的模样。他心里泛起了微澜。1947 年，钱学森借两人都回国之际，向蒋英求婚："12 年了，我们天各一方，只身在异国他乡，尝遍了人生的酸甜苦辣。我们多么需要在一起，互相提携，互相安慰！天上的牛郎织女每年还要相逢，我们却一别 12 年，太残酷了。这次我回来，就是想带你一块儿到美国去，你答应吗？"

1947 年 9 月，这对新婚夫妇回到美国。在他们家里，唯一的奢侈品就是一架黑色钢琴。这是钱学森送给妻子的新婚礼物。后来，这架钢琴跟随他们回到中国，成为他们爱情的见证。

香烟纸上的求救信

当新中国成立的消息传到美国后，钱学森和蒋英按捺不住内心的喜悦，商量着早日回国。但此时，以美国参议员麦卡锡为首的反共势力，在全美掀起了一股"揭露和清查美国政府中的共产党活动"的浪潮。单纯的钱学森没想到，他一提出回国要求，就酿成了一场劫难。美国海军次长金布尔恶狠狠地说："他知道所有美国导弹工程的核心机密。一个钱学森抵得上五个海军陆战师，我宁可把这个家伙枪毙了，也不能放他回红色中国去！"随后，抄家、流放、拘留……没完没了的政治迫害接踵而来。在长达五年被软禁的日子里，钱学森和蒋英常常只能夫吹竹笛、妻弹吉他，以共同演奏古典室内音乐来排解寂寞与烦闷。

1954 年 4 月，在日内瓦会议上，美国请英国外交官出面与中国交涉，想要回因违反中国法律而被扣押在中国的美国人。周恩来总理于是作出决定：美国人既然请英国外交官与我们疏通关系，我们就应该抓住这个机会，把留在美国的一批留学生和科学家要回来。他拟了一份名单，上面就有钱学森。

然而，美国拒绝释放钱学森。正当周恩来为此焦急万分时，时任全国人大常委会副委员长的陈叔通，收到了一封从大洋彼岸辗转寄来的信。陈叔通拆开一看，是一张香烟纸，信末的署名是"钱学森"。他心头一震，立即将情况汇报给了周恩来。

原来，钱学森为了摆脱特务的监视，把信写在香烟纸上，夹在寄给比利时亲戚的家书中，由此辗转带给了陈叔通。他在信中请求祖国帮助他回国。

陈叔通当即把信送到周恩来那里。很快，这封信由外交部火速转给了正在日内瓦参加中美大使级会谈的王炳南。周恩来通过密电告诉王炳南："这封信很有价值。这是一个铁证，美国当局至今仍在阻挠中国平民归国。你要在谈判中，用这封信揭穿他们的谎言。"

面对这封信，美国人哑口无言。在中国政府和钱学森本人的双重努力下，1955 年 8 月 4 日，美国移民局发出了允许钱学森回国的通知。同年 9 月 17 日，他带着妻子蒋英和一双幼小的儿女，登上"克利夫兰总统号"轮船，踏上返回祖国的旅途。

他的伟大源于爱国

钱学森带着强国梦实现后的满足走了

如今的中国，宇宙飞船遨游苍穹，宇航员漫步太空；人造地球卫星俯视地球数十年，即将造访火星；先进的短程、中程、洲际导弹守卫国土……当今世界，只有为数不多的几个国家拥有这样的能力。而这些成就，起步于钱学森或基于他所开拓的事业。

2009 年 11 月 1 日的《人民日报》，对他做了这样的评价："钱学森是我国航天科技事业的先驱和杰出代表，在空气动力学、航空工程、喷气推进、工程控制论、物理力学等技术科学领域作出了开创性贡献，是中国近代力学和系统工程理论与应用研究的奠基人和倡导人。"这一"官方评价"，概括了他对国家、民族的贡献。

他告诉人们什么是爱国

他曾回忆说："我从 1935 年去美国，1955 年回国，在美国待了整整 20 年。这 20 年中，前三四年是学习，后十几年是工作，所有这一切都是在做准备，为的是日后回到祖国能为人民做点事。"当年，留在美国代表着生活优裕，回到中国意味着一穷二白，但他不留恋；美国将军威胁要"枪毙"他，特务跟踪他长达五年，但他不惧怕。他说："我的事业在中国，我的成就在中国，我的归宿在中国。"50 多年来，他的故事总能让我们血脉偾张，总能让我们的民族自豪感和国家荣誉感再次得到积淀。

他是中国科学界的一个标杆

2009 年 10 月，北京大学教授徐光宪院士在反击一些人称中国没有人能获得诺贝尔奖的说法时，掷地有声地说："中国也有巨人。"

1989 年，在美国召开的国际科学技术会议上，钱学森被授予"世界级科技与工程名人"称号。1999 年，他又被国际媒体选为"影响 20 世纪科技发展的 20 位世界级科技巨人"之一。这些人中，排名第一的是爱因斯坦，然后是玻尔、居里夫人、冯·卡门等，钱学森排名第 18。"所以，钱学森是十年一遇的世界伟大科学家，其成就和贡献远远大于一年一遇的一般诺贝尔奖获得者。"

他诠释的人格魅力，垂范后人

他谦逊地说："我个人仅仅是沧海一粟，真正伟大的是党、人民和我们的国家。"他回国 20 多年后，美国科学院、美国工程院仍然认为他"成就卓著，举世公认。如果他应邀来美，美国政府和有关学术机构将表彰他对科学的重要贡献"。但他说："如果中国人民说我钱学森为国家、为民族做了点事，那就是最高的奖赏。我不稀罕那些外国荣誉头衔！"他这种"高度的民族自尊心、民族自信心和民族气节"，让老师冯·卡门非常感动："人们都这样说，似乎是我发现了钱学森，其实，是钱学森发现了我。"

在他心里，"国为重，家为轻；科学最重，名利最轻"。这种对名利的超然，在现时更具价值。

他的科学精神，造福后来者

他当年的学生米博恩回忆："有次上课，钱老说如果你五道题做对了四道，按常理，该得 80 分，但如果你错了一个小数点，我就扣你 20 分。他常告诉我们，科学上不能有一点失误，小数点错一个，打出去的导弹就可能飞回来打到自己。"他曾在黑板上给学生写下"严谨、严肃、严格、严密"几个大字。作为我国的"航天之父"，他的科学精神，对当下稍显浮躁的社会是一种鞭策，促动着"科学"二字深植于社会。

钱学森的一生，给了我们怎样的启示？他告诉我们：国家的命运，掌握在每个国民手上；个人成就源于爱国，个人的伟大源于胸中有祖国！

（文 / 张建魁、李璐芸、朱珠、章功）

"核司令"程开甲：
自己硬闯出一条路

程开甲（1918年8月3日—2018年11月17日），江苏吴江人。中国科学院院士、著名理论物理学家，"两弹一星"功勋奖章获得者，2013年度国家最高科学技术奖获得者，我国核武器事业的开拓者和核试验科学技术体系的创建者。

> 有一种最可靠的安全，就是让敌人知难而退，我为此奋斗了终生。
>
> ——程开甲

在江苏吴江，一位小学生写了封信，想寄给在北京的同乡英雄程开甲爷爷，但他写好信后，却不知该寄往何处——2018年11月17日，在程开甲为之奉献终生的中华人民共和国七十华诞前，这位"核司令"与世长辞，离开了他的家与国，享年101岁。

过去这些年，有太多巨星陨落的消息让人心碎。我们心里清楚，那些从战火中走来、在苦难中奋斗的老一辈"国宝"终将辞行。可是，当程开甲逝世的消息传出来时，我们的眼泪还是夺眶而出——共和国永远不能忘记的"两弹一星"元勋，又走了一位。

"两弹一星"的故事已被传诵千百遍——突破美国重重阻碍而回国的钱学森，在飞机失事时用身体保护绝密资料的郭永怀……这些故事读再多次，我们也会心潮澎湃、热泪盈眶。他们映照出的，是我国核武器事业70多年来走过的每一步艰难历程，更是每一位中国人对这片土地最深沉的爱。所以，人们不愿说告别；所以，到真正告别的那天，即便天南海北，即便步履蹒跚，人们也想去鞠个躬、行个礼。

生命的最后时刻，只为罗布泊而激动

2018年11月21日，北京八宝山革命公墓，与程开甲告别的地方。习近平、李克强等党和国家领导人送来花圈。清晨五点多，人群就开始聚集，等着进入八宝山。他们中有很多耄耋老者，是前一天从合肥、吴江等地赶来的。

为了到八宝山和程老作最后的告别，国防科技大学教授熊杏林女士前一晚从西安赶来。到北京时，已是晚上十点多。差不多一个月前的10月24日，她赶到北京和程老见了一面。当时，程开甲家人给她打电话："老爷子的时间可能不多了，来和他见个面吧。"放下电话，熊杏林就往北京赶，她在解放军总医院见到了病榻上的程开甲。

程开甲身体虚弱，需要依靠呼吸机维持生命，一天中大部分时间在昏睡，但醒来时意识依然清醒。熊杏林带着新近出版的《程开甲的故事》坐到病榻边。这本书，是程开甲的家乡吴江教育界人士找到熊杏林，希望编写一本适合中小学生阅读的程开甲读本而出版的。当听说家乡提议编写这本图书时，程开甲特意叮嘱相交18年的熊杏林："要实事求是，要让孩子们读了有所启发。"他回忆自己就是因为在中学时读了很多科学家传记，而后走上科研道路的。

书出版了，程开甲却没来得及看。而吴江那名写信的小学生，正是第一批读者。在病房里，熊杏林翻开书中插图，一幅幅指给程开甲辨认。"起先，程老没有什么反应。但看到两个场景时，他激动起来，一个是第一颗原子弹爆炸试验所用的铁塔，塔架上放着原子弹；另一个是我国第一颗原子弹爆炸试验的爆心。我感觉他眼中有了光芒。"程开甲吃力地说出一句话："这是我非常熟悉的地方。"熊杏林合上书，走出病房，泪如雨下。她说："能记录程老的一生，是我人生最有意义的事。"

纵然过去了半个世纪，纵然是病中孱弱，程开甲依然记得研制原子弹、氢弹的光辉岁月。那是几代科研工作者生命中最难忘的时刻，是新中国立于世界民族之林的坚强根基。

蘸着菜汤在饭桌上写公式

1960 年夏天，正在南京大学物理系任教的程开甲被校长郭影秋叫到办公室。郭影秋递给他一张写有北京地址的字条，让他马上去报到，但没说做什么。

时年 42 岁的程开甲已是物理学界权威，与另一名核物理学家、居里夫人的学生施士元在南京大学创立了核物理专业。字条来自第二机械工业部第九研究所，要借调他两年，原因却不能说。到二机部后，程开甲才知道这次调动是钱三强点将，邓小平批准，实际就是参加原子弹研究。1961 年11 月，时任国务院副总理聂荣臻还写了封信给教育部部长杨秀峰和副部长蒋南翔，建议在两三年内免除他们（程开甲和周光召）在学校的兼顾工作。

程开甲曾经向熊杏林回忆，原子弹研制初始阶段所遇到的困难根本无法想象。有核国家对这一军事内容采取了极严格的保密措施，美国科学家卢森堡夫妇因被指控为"核间谍"而受电刑处死；程开甲的师兄福克斯因泄密被判14年监禁。"我们得不到资料、买不来所需的仪器设备，完全靠自力更生、艰苦奋斗，自己闯出一条路来。"

要研究核武器，得先解决一个难题：铀-235、钚-239的状态方程是什么？程开甲到研究所后，状态方程小组负责人就向他汇报工作进展。这个小组的成员大部分没有学过固体物理，进展缓慢。于是，程开甲开始系统讲课，帮助研究人员复习热力学、统计物理方面的知识，指导他们查阅外国文献。他自己也没日没夜地计算。那段时间，同事们经常看见吃着饭的程开甲突然把筷子倒过来，蘸着菜汤在饭桌上写公式。那是三年困难时期，菜汤写在桌上，几乎不会留下油渍。研究所里流传着一个故事——有一次排队买饭，程开甲把饭票递给卖饭的师傅，条件反射般地说："我给你这个数据，你验算一下。"排在后面的邓稼先笑着提醒："程教授，这儿是饭堂。"

这样的故事，在八宝山遗体告别现场，也被跟随程开甲多年的老一辈科学家频频提及。86岁的程耕从合肥赶来，他在新疆那支隐姓埋名的核研究团队里工作了20年，是程开甲最信任的研究员之一，大家戏称他是"程开乙"。只有在回忆起生活细节时，程耕沉痛的脸上才会轻松一些："生活上，我们得照顾程老师。他是一位纯粹的科学家，平时做饭、回家买票这些事他都不会。"

经过半年的艰苦努力，程开甲算出了高压状态方程。负责原子弹结构设计的郭永怀拿到结果后，高兴地大喊："老程，你可帮我们解决了一大难题啊！"

1962年夏天，研制第一颗原子弹的关键理论研究和制造技术取得了突破性进展。程开甲接到了新任务——负责原子弹爆炸试验的研究与准备。程开甲的优势在理论不在试验，有人劝他："今天干这个，明天干那个，东搞西搞，搞不出名堂。"但程开甲想，国家需要，义不容辞。

他开始准备我国第一颗原子弹爆炸试验。这次他成了"光杆司令"——没人、没房子、没设备。程开甲只提了一个要求："请给我调人，我们马上投入工作。"他列出名单，经邓小平批示，从全国各地和全军选调技术骨干。直到 90 多岁，程开甲在跟熊杏林口述自传时，仍能一一说出这批技术骨干的名字。

试验场区选定在新疆罗布泊后，程开甲与参试人员提前半年进入了场区。这是一片荒芜的沙漠，方圆 300 公里只有连绵的沙丘和寸草不生的乱石。1964 年 5 月，参试人员和参试设备经过长途运输驻扎进了罗布泊。5 月、6 月的罗布泊，经常刮 10 级以上狂风，把帐篷都掀掉；7 月、8 月则要面临地表温度 60℃至 70℃的炙烤。而且这片沙漠水质很差，又涩又咸，喝得人经常拉肚子。但在程开甲看来，这是一个完美的试验场区。

试验时间定在 1964 年 10 月 16 日 15 时，接到通知的程开甲度秒如年。15 日晚上，他彻夜未眠；16 日一早，他就走出帐篷，观测天气。他在回忆中写到那天早上的心情："看到天空碧空如洗，心里轻松许多。"有了理想的天气，试验才能正常进行。他还记得那天中午吃的是包子，"香喷喷的，但吃到嘴里一点也感觉不到它的味道"。

"14 时 59 分，张震寰在主控站发出口令。50 秒后，仪器设备进入自动化程序，9、8、7、6……数完 1 时，试验现场传出一声惊雷般的巨响。我们看到仪表指针剧烈跳动，知道原子弹爆炸成功了！"即便 40 多年后，程开甲还能清晰地向熊杏林等人说出那时的点点滴滴。

一朵巨大的蘑菇云在西北戈壁滩腾空而起，世界重新认识了新中国。那一晚，大家在帐篷里豪饮一场。酒量很差的程开甲直接干了一碗白酒，足足有半斤。与此同时，远在北京的人民大会堂里，周恩来总理也向 3000余名《东方红》演职人员宣布了中国第一颗原子弹试验成功的好消息，现场掌声雷动。

世人记住的是这个激动人心的日子，但对程开甲来说，试验成功仅仅是起点。如果要武器化，还必须考虑运载工具和战术技术要求，进行空爆核试验。所以没过几天，程开甲就接到通知，回北京主持首次空爆试验方案的制订。美国人断言中国在五年之内不会有运载工具，但程开甲带领技术人员仅用七个月就完成了——1965 年 5 月 14 日，原子弹空爆试验成功，这标志着我国有了可以用于实战的核武器。

半个月后，周恩来在北京接见并宴请为原子弹爆炸作出贡献的核武器研制与试验部门代表。席间，周恩来、邓小平、罗瑞卿、张爱萍、张蕴钰、王淦昌、程开甲和空军飞行员同坐一桌，又商议起氢弹的研制来。

氢弹研制由当时的青年物理学家黄祖洽、于敏负责。1965 年，程开甲的主要精力也转移到氢弹原理试验上。这一做，又是一年多。1966 年 12 月 28 日，氢弹原理装置点火，一朵巨大的蘑菇云翻滚着直冲云霄，我国氢弹技术取得突破。

一次又一次推开阻止他进入爆心的手

程老的功绩，不仅在于参加研制"两弹"，还在于高瞻远瞩地建立了核试验科学技术体系，决策主持了 30 多次各种方式的试验。

氢弹研制成功后，程开甲把地下核试验提上了日程。这项试验最早是由周恩来提出的。1963 年，程开甲等人在中南海向周恩来汇报原子弹研制进程时，被问及地下核试验，并请他们"回去研究一下"。当时，大家的精力集中在第一颗原子弹研制上，无暇顾及地下核试验。直到 1967 年，氢弹爆炸试验成功后，首次地下核试验技术工作会议召开。但大家意见分歧很大，有人认为氢弹都响了，没有必要再搞地下核试验。程开甲据理力争，多次发言，阐述地下核试验的重要性、必要性和可行性。最终，支持的人占了多数。1969 年，中央专门委员会决定进行第一次地下核试验。

此后十多年，程开甲将工作重心放到地下核试验上，带出了林俊德等核武器研究的新一代人才，并多次进入核爆后的平洞、竖井，掌握第一手资料。进爆心有"三高一险"：温度高、压力高、放射性强度高和易塌方险情，就连工程兵进入爆心施工也有很大风险。但年过半百的程开甲一次又一次推开阻止他进入爆心的手，常常在里面一观测就是一两个小时。有一次他进到了被严重挤压的廊道里，原本 10 多米宽的空间被核爆作用力挤压到直径只有 80 厘米，幸好程开甲个子并不高大，可以爬过去。更危险的一次是进入竖井。井很深，需要吊下去。当时刚刚进行了一次核爆炸，程开甲急着察看爆心的地表现象，带着通信员李国新直下爆心。随身携带的放射性剂量探测笔一直"嘀嘀"尖叫，他却根本顾不上核辐射影响，只忙着记录第一手资料。

程开甲曾评价："及早部署并研究地下核试验技术，为我国核试验事业的可持续发展争取了主动，是一项具有战略意义的英明决策。"

1984 年，66 岁的程开甲离开核试验基地，担任国防科工委科技委常任委员。他的研究方向又一次发生变化。

有矛必有盾。作为武器的核弹可以产生巨大的杀伤力，因此也要从对立面来思考武器装备的防御问题。基于此，研究了半辈子"矛"的程开甲转而研究"盾"，投入到抗辐射加固和高功率微波领域的研究中。他担任委员后的第一件事，就是给国防部部长张爱萍打报告，提出抗核加固问题的系统研究方案。张爱萍收到报告后很重视，在经费上给予很大支持，这项研究得以展开。此后，研究内容不断扩展，涵盖了材料、电磁脉冲、微波、激光等多领域，使抗辐射加固研究成为我国武器装备技术发展中一个十分重要的方面。

20 世纪 90 年代，程开甲已经年过七旬，又提出了一个开创性理论——TFDC 电子理论。这是材料科学领域的电子理论，是他前 30 年实践经验的提炼。过去，新材料的设计研制主要靠经验，程开甲关注到这一领域需要指导性理论，他再次开始了全新的研究，最初甚至没有助手。不久，总装备部给程开甲配备了技术助手，开始系统地进行理论研究。这期间，他还以 77 岁高龄前往俄罗斯等国交流。这一理论后来取得了很多成果，应用在纳米材料、钢铁材料、超硬材料的设计上。

从 1964 年第一次核试验起，我国建立了一支精干有效的核自卫队伍。今天，我国已经拥有新型战略导弹、核潜艇等用于国防安全的战略核力量。程开甲坚信，我们研制和发展少量核武器，不是为了威胁别人，完全是出于防御的需要，是为了自卫，为了维护国家的独立、主权和领土完整，保卫人民和平安宁的生活。他曾说："有一种最可靠的安全，就是让敌人知难而退，我为此奋斗了终生。"1999 年，党中央、国务院、中央军委向程开甲等 23 位科学家颁发"两弹一星"功勋奖章。正是他们的研究，使我国国防实力产生了质的飞跃。

带着一大堆专业书籍和无国籍证明漂泊一个月

从抗战中走来，家国情怀是那一代知识分子最浓重的底色。1918 年 8 月 3 日，程开甲出生在江苏吴江。1941 年，他从浙江大学物理系毕业；1946 年赴英国爱丁堡大学留学，师从理论物理学家、量子力学奠基人马克斯·玻恩。玻恩是爱因斯坦的挚友，在 1954 年获得诺贝尔物理学奖，和很多著名科学家有交往。他很喜欢这位来自中国的学生，乐于把他介绍给那些物理界的大师。因此，在英国求学期间，程开甲结识了狄拉克、海特勒、薛定谔、缪勒、鲍威尔、玻尔等顶尖科学家。那是基础物理学科的黄金年代，程开甲所汲取的养分难以想象。1948 年，他在英国爱丁堡大学获得博士学位，应玻恩的邀请留校任研究员。

程开甲尽管身在英国，却并没有归属感。玻恩两次提醒他把家眷接来，他都回绝了。经历战火的程开甲无法割舍对祖国的热爱。百年前，中国第一批公派留学幼童西渡重洋学习科学技术时，就写下过这样的话语：此去西洋，深知中国自强之计，舍此无他求；背负国家之未来，取尽洋人之科学，赴七万里长途，别祖国父母之邦，奋然无悔。对程开甲而言，同样如此。

1949 年 4 月，国内处在解放战争渡江战役期间，英国皇家海军远东舰队"紫石英号"军舰无视警告，擅自闯入长江下游水域前线地区，遭中国人民解放军炮击。在苏格兰出差的程开甲从当时的电影新闻片中看到了这条消息，"我第一次有出了口气的感觉"，他在自传中这样说。那一天，从电影院出来，程开甲走在大街上，腰杆挺得直直的，"就是从那天起，我看到了中华民族的希望"。他马上给家人和朋友写信，询问国内情况，并很快决定回国。

英国的朋友都劝他不要回去，说中国太落后，没有饭吃。程开甲一边感谢他们的关心，一边也忍不住争论。有一次他甚至争得拍了桌子，说："不要看今天，我们要看今后！"从那时起，他就为兑现自己这句话而准备着。

考虑到新中国一穷二白，回国建设必然需要搭建相关科学体系，程开甲决定多买一些专业书籍带回来。整整一年，他跑图书馆、跑书店，尽量收集固体物理和金属物理方面的资料。熊杏林还记得，程开甲晚年和她讲述这段故事时，仍然兴奋地说："后来，果真都用上了！"

离开那天，玻恩亲自到火车站相送。他坚信这个学生如果留下来继续做研究，一定能取得学术上的非凡成就。但程开甲归国之意已决。1950 年

7月，他从英国海关出关，海关人员惊讶地问："杭州？"当时，新中国成立不久，在英中国人过去使用的护照已经失效，海关人员给程开甲开具了一张无国籍证明。拿着这张证明，程开甲心里很不舒服，但为了尽快回到祖国，他也只能拿着。在海上漂泊了一个月后，程开甲终于到了香港，回到了祖国的怀抱。他再从香港坐火车经广州回到杭州。一到杭州，他甚至没急着回家，而是径直去了浙江大学，与大学时代的恩师束星北讨论如何开展物理学教学。

20世纪50年代，程开甲先后任教于浙江大学物理系、南京大学物理系，完成了《固体物理学》的撰写，创建了南京大学金属物理教研组和核物理专业，并在1956年加入了中国共产党。

晚年，程开甲回忆归国前后的心路历程时说："我如果不回国，可能会在学术上有更大的成就，但最多是一个二等公民身份的科学家，绝不会有这样幸福。而我现在所做的一切，都和祖国紧紧地联系在一起。"

他的名字，注定与新中国国防事业相连。70多年励精图治，70多年斗转星移，正是和程开甲一样的老一辈科学家的付出，铸就了复兴路上一个又一个大国重器。

（文/张丹丹、马晓钰）

"中国稀土之父"徐光宪：
改变世界稀土格局

徐光宪（1920年11月7日—2015年4月28日），浙江上虞县人。物理化学家、无机化学家、教育家，中国科学院院士。1957年9月，任北京大学技术物理系副主任兼核燃料化学教研室主任；1986年2月，任国家自然科学基金委员会化学学部主任；1991年，被选为亚洲化学联合会主席。2008年度"国家最高科学技术奖"获得者，被誉为"中国稀土之父"。

> 我愿意一辈子搞稀土，把咱们宝贵的资源利用得更好。
>
> ——徐光宪

徐光宪，在我国成为稀土第一大国的历程中发挥了不可替代的作用。但仍然很少有人完整知道徐光宪的人生故事，更不了解他何以被称为"中国稀土之父"，不清楚他在哪些关键时刻带领中国稀土走上世界舞台。

研究的转向只为国家的需要

在北京大学化学与分子工程学院，一座普普通通的楼房里，有我国稀土基础研究和应用研究的重要基地——稀土材料化学及应用国家重点实验室。这是徐光宪在国家计委的批准下筹建的。

2019年6月6日，夕阳正斜射进实验室，年轻的科学家们埋首在各种仪器间，忙碌而从容。43岁的副教授王炳武从工作中抽出身来，和我们谈起恩师徐光宪。

"徐先生四年前离开了我们。"王炳武仍然清楚地记得恩师最后的那些日子。2015年4月，95岁的徐光宪在友谊医院住院，不时有学生到医院看望。他们中间，有80多岁的老院士，有如王炳武一样的青年科学家。"我们去医院陪徐先生时，他要是醒过来认出我们，还忍不住说一些稀土研究方面的问题。"王炳武还记得那些病榻前的陪伴。徐光宪清瘦，有时还费劲地伸出枯瘦的手，想要比画些什么。

"他年纪再大，都保持着对前沿理论的敏感。"王炳武怀念老师时，总会想起他对科学事业的追求。徐光宪，这是一个注定要写在中国稀土发展史上的名字。他提出的串级萃取稀土分离理论，让中国真正走向了稀土大国。

时间回到1971年，"文化大革命"后期，徐光宪从下放的江西鲤鱼洲回到北京大学化学系，从此加入稀土研究行列。这是他学术方向上的一次转折。尽管早期在美国哥伦比亚大学攻读博士学位时，徐光宪的研究方向是量子化学，但1951年回国在北大化学系任教后，他只干了六年就被钱三强点将，抽调出来组建技术物理系，任教研室主任，并开始核燃料萃取的研究。徐光宪曾经回忆："当时大家都以国家需要为第一，坚决服从组织分配的。"他研究核燃料萃取和讲授原子核物理的工作一晃就是十多年。重回化学系，开始研究稀土分离，同样缘于国家需要——当时，稀土元素中的镨钕分离是世界级的科研难题，因为分离工艺落后，我们只能从国外高价进口，这个难题亟须解决。1972年，北京大学接到分离镨钕的紧急任务，徐光宪挑起重担。

接下任务时，国际上分离稀土通行的办法是离子交换法和分级结晶法，但这两种办法都存在提取成本高、提取出的稀土元素纯度低、无法适应大规模的工业生产的问题。徐光宪决定另辟蹊径，采用自己在核燃料萃取中研究过多年的老法子——萃取法来进行试验。

什么是萃取？打个简单的比方：油和水互不相溶，如果将一种混合物放在水和油（溶剂）中，只要其中的某一成分比其他成分更易溶于油，那么在油中所提炼出的这种成分会比其他成分多，也就是说这种成分的纯度高了。化学学科中的所谓"萃取"，就是这样一个过程，只是适用范围更广，所使用的溶剂不只是水和油。

说起来容易做起来难。在实际生产中，加什么溶剂、加多少、这个过程要反复多少次、怎样将某种元素的萃取过程和其他元素的萃取过程统一协调起来等，都需要逐一解决。此外，工业生产中的成本和时间等因素，都是徐光宪需要研究的问题。

当时甚至没有人相信萃取法可以用在稀土工业生产中。但徐光宪没有放弃，他无数次地进行试验，探索能给出料液、萃取剂、洗涤剂的浓度比和流量比关系式的串级萃取理论。中国科学院院士黄春辉那时也在徐光宪的团队中参与研究，她曾回忆说："那时一个流程的研制，少则几个月，多则一年多，在这些烦琐的劳动中，不管是摇漏斗还是车间的扩大实验的三班倒，大到制订实验方案，小到测定pH值，先生都具体参加，直到现在我还保留着许多大家倒班共同书写的实验记录。"

粉碎把中国变成"海外工厂"的企图

就在徐光宪不舍昼夜研究稀土分离的串级萃取理论时，我国很多产业发展正因稀土元素而受到限制。

20世纪七八十年代，因为技术落后但又必须应用，我国不得不和国外企业谈判购买稀土分离技术。当时，法国的罗纳普朗克（Rhone-Poulenc）公司是稀土产业巨头，与我国几次谈判转让分离技术时，不仅要价很高，而且提出产品必须由他们独家对外经销。这一苛刻条件实际上是要将我国的稀土分离企业变成该公司的海外工厂。

1980年，徐光宪率中国科学院稀土考察团访问法国时，被拒绝参观罗纳普朗克公司，法国方面还将所有萃取剂和工艺参数定为"绝密"。可以说，每一次谈判都激起国内稀土工作者的义愤。

在拥有分离技术前，我国长期只能向国外出口稀土矿原料，然后再进口稀土制品，损失极大。对一个稀土资源大国而言，这种受制于人的局面是必须尽快走出的困境。时任副总理方毅和全国稀土推广应用领导小组袁宝华多次勉励稀土科技工作者协作攻破分离难题。

历史最终选择了徐光宪。从1972年接下分离镨钕的任务，仅仅四年时间，1976年10月在包头举行的第一次全国稀土萃取会议上，徐光宪就向与会专家讲解了串级萃取稀土分离理论，当即引起业界广泛关注。

此后几年，徐光宪将这一理论不断完善，并设计出适用于工业生产的模型。现在已是中国科学院院士、兰州大学校长的化学家严纯华仍然记得当时参与研究的过程。那是1983年到1986年，徐光宪带领团队利用串级萃取理论和计算机动态仿真计算建立起专家系统，可以根据我国不同的稀土资源、不同的原料组成以及多种产品纯度规格和回收率等市场需求变化，在一周内设计出优化的分离工艺流程和参数，并将设计参数直接应用于工业生产。严纯华就是 1983 年第一次跟随老师徐光宪去包头出差，参与这项工作的。

去包头前，他们搜集了包头稀土研究所几十名工程技术人员经过数年艰苦攻关获得的数据。在那个计算机不甚发达的年代，徐光宪和化学家李标国一同指导严纯华，将庞大的数据全部模拟计算了一遍。这花了他们三个多月的时间。

带着计算结果，他们来到包头，在稀土分离工艺中合理降低了化工原材料消耗，提高了工艺稳定性和效益。数年后，严纯华从徐光宪手中接过接力棒，成为北京大学稀土材料化学及应用国家重点实验室主任、稀土功能材料基础研究项目首席科学家。

1984 年 7 月 10 日，64 岁的徐光宪全然不顾年事已高，专程赶到包头。那个时空下的包头，将决定我国能否改写被国外稀土企业"扼住脖子"的命运。当时，离包钢有色三厂萃取槽和管道流量计等设备试运行只有五天了，徐光宪坚持亲自查看设备和原料，这是根据他提出的原理设计的设备。现场查看后，徐光宪果然发现了问题，充槽液料的浓度是按正常操作时的浓度配比的，但设备初始启动的充槽条件与正常操作时的条件并不相同。他马上将情况反馈给包钢三厂的负责同志，重新调整设置。7 月 15 日，包头迎来了我国稀土产业发展史上里程碑式的胜利——设备开启，运转仅九天就拿到了合格的纯钕产品。

他让中国稀土人足以谈笑风生

这次稀土全分离工业试验的成功，使得我国矿企从此绝不可能成为外国企业的"海外工厂"，也为此后的研究和应用打下了基础。包钢的老工程师马鹏起还记得一次扬眉吐气的经历。1988 年 10 月在日本东京举行第一次中日稀土技术交流会时，日本媒体嚣张地称要坚持三条原则：中国提供原料，日本精制；坚持在需要地点精制；不能向中国提供分离技术。"其实当时我们并不需要日本的分离技术，1988 年我们已经形成了自己的分离技术体系。"马鹏起笑着谈及此事。

之所以能形成"自己的分离技术体系"，得益于徐光宪不遗余力地推广串级萃取理论。1976 年提出这一理论后，全国各地的稀土工作者都要求学习。为了尽快扭转技术受制的局面，1978 年，徐光宪组织了一个为期半个月的全国串级萃取理论讨论班（后来叫讲习班），地点在上海。全国 9 所大学、11 个科研院所和 7 家工厂的 100 多名科研人员和一线技术人员齐聚上海，学习新理论。此后这个学习活动每年举办一次，培养了大批人才。

很快，全国各地的稀土企业都成功实践了串级萃取理论，极大地缩短了工作周期，并使工艺参数最优化。一排排貌不惊人的萃取箱像流水线一样连接起来，只需要在这边放入原料，在流水线的另一端就会源源不断地输出各种高纯度稀土元素。过去那种耗时长、产量低、分离系数低、无法连续生产的工艺被彻底抛弃。

从 20 世纪 90 年代起，我国单一高纯稀土大量出口，使国际单一稀土价格下降一半，曾长期垄断稀土国际市场的一些国外稀土生产商不得不减产、转产甚至停产。这一现象被国外称为 CHINA IMPACT（中文意为"中国冲击"），影响十分深远。那些曾经站在稀土分离工艺顶端傲慢睥睨中国的人突然发现：这个领域的领头羊已不再是昔日的美国、法国和日本了，而是中国。"这为我们继续研究赢得了宝贵的时间和机会。"王炳武这样评价。

晚年为建立国家储备制度奔走呼号

2009 年 1 月 9 日，人民大会堂里灯光璀璨，国家科学技术奖励大会召开。时任国家主席胡锦涛将 2008 年度国家最高科学技术奖证书颁给 89 岁的徐光宪，全场响起经久不息的掌声。

串级萃取理论将我国稀土分离工艺带到了世界先进水平，但也正因为这一理论具有极强的实践性，一旦管理不善，就容易带来负面效应。北京大学校史研究员郭建荣在采访徐光宪时，曾听他痛心疾首地谈到过稀土资源的浪费和保护意识的薄弱。

"我们的科研经费是国家给的，科研成果能在国营厂里应用我们就很高兴，根本没有想要知识产权、专利费等。我们就去推广，我到上海跃龙厂、珠江冶炼厂、包头稀土厂三个国营大厂，住在厂里，办学习班。由于我们这个办法比较好，利润比较高，结果地方厂、私营厂都想搞，他们就用高薪从国营厂挖走总工程师、技术人员，这样稀土厂迅速成立了几十个。年产量达到 12 万到 15 万吨，全世界的需求量只有 10 万吨，结果供大于求。恶性竞争，使稀土价格大幅下降到 1985 年世界价格的一半。日本、韩国等大量购买我国廉价的高质量单一稀土，享受我们的技术进步得来的丰厚利润，而我国稀土企业的利润反而很低。1995 年至 2005 年，每年出口稀土我们损失几亿美元。我就拼命呼吁，希望成立像欧佩克那样的行业协会，自觉控制产量，提升价格。多次在各种会议上呼吁稀土行业，但没有得到一致意见。"

"我建议限制在 10 万吨以下，但是不成功。我就给温家宝总理写信，温家宝总理批给国土资源部，2006 年批准限制为 8 万吨，2007 年执行。消息一传出日本人就慌了，拼命收购中国的高质量稀土，价格就上升了一到三倍。2008 年金融危机，稀土价格下降，另外日本已储备了 20 年的稀土，不买了。我们控制世界稀土产量的九成以上，但是我们却没有定价权。

我呼吁建立稀土资源储备制度。因为石油、煤炭等能源可以有替代，如太阳能、风力发电、核电等；稀土用完了，没有替代，我们要为子孙后代着想。"

这并非一时冲动的想法，早在1999年徐光宪为《中国稀土学报》撰写的一篇文章中，就已经能看到他的焦虑。他在文章结尾处毫不讳言我国稀土生产中存在的问题，包括价格过低、生产分散、集约化程度低、浪费严重等，同时建议生产向集约化转变，大力发展节能产业，提高产品质量，保护稀土资源，加强行业和外贸出口管理。2001年教师节，时任国务院副总理李岚清前去看望徐光宪时，他就将这些想法向李岚清汇报。

王炳武还记得，老师年届八旬时曾亲赴包头调研，两次写信给温家宝总理，一次是呼吁建立稀土国家储备制度，一次是呼吁妥善保护矿产资源、防治污染。

上海交大有一条"光宪路"

在上海交通大学的校园里，有一条路叫"光宪路"，这是为了纪念校友徐光宪。

1920年，徐光宪出生于浙江绍兴上虞的一个中产阶级家庭。徐家与人合伙开布店，家境殷实。然而，好景不长，徐光宪幼时，布店就因二哥赌博欠债而被迫关闭还款，父亲也备受打击而病故，家道从此中落。那次变故后，母亲常教导徐光宪和其他兄弟："家有良田千顷，不如一技在身。"要他们用功读书，学习技术，不要依赖家庭。

"这对我的一生影响深远。"徐光宪曾在自叙中这样感慨，他从小读书认真就是缘于母亲的教导，"每天上学必定要第一个到校，一早站在校门口等着学校开门。"

高中时，为了早日就业，徐光宪转学到杭州的浙江大学附属高级工业职业学校读土木科。但仅仅一年后，杭州就沦陷在侵华日军的铁蹄下，徐光宪不得不随校转到宁波高等工业学校。这段辗转的求学经历，淬炼出一颗火热的爱国心。1939年毕业后，徐光宪投奔在上海教书的大哥，谋了份南洋煤球厂的工作。

当时，有"东方康奈尔"之称的国立交通大学在上海法租界内借震旦大学教室上课。徐光宪有数学天赋，曾在浙江省青少年数学考试中得过第二名，因此很希望考上数理教学有口皆碑的交大。他知道交大课程重、考核严，于是找来很多习题练习。在南洋煤球厂工作的那一年，他把霍尔和奈特的《大代数》、史密斯和盖尔的《解析几何学》的全部习题都做完了，1940年顺利考上交大化学系，在四年学习中成绩始终名列第一。徐光宪似乎做题做上了瘾。毕业一年后的1945年，抗战胜利，时局稍稳，他被聘到交大当助教，又抽空做完了诺伊斯的《化学原理》的全部498道习题。这本习题集的复印本，徐光宪在2009年捐赠给了母校，上面是密密麻麻的各类公式和计算。

交大的四年不仅为徐光宪打下了学习基础，更促成他日后回国的决心。在2009年回上海交大作报告时，徐光宪谈到了1951年从美国哥伦比亚大学获得博士学位后回国的心路历程："促使我和高小霞（徐光宪夫人）回国的第一个原因，是受到1946年到1947年交大进步学生蓬勃开展学生运动的影响。"那正是他与同学高小霞新婚不久、在交大担任助教期间。当时，徐光宪已经决定赴美留学，通过了1946年的全国留学生考试。他先借钱去了美国华盛顿大学学化工，半年后去哥伦比亚大学暑期班试读，选的两门课考试均得满分，因此转到哥伦比亚大学攻读博士学位，主修量子化学，并被聘任为助教。高小霞也到了纽约大学攻读学位。"我那时没有参加学生运动，但我想中国革命成功了，要建设新中国，我们决心学一点科学技术回国。"

1949 年 10 月，当毛泽东在天安门宣告"中华人民共和国中央人民政府成立了"的消息传到美国，徐光宪和朋友们难掩激动，做了一块"胜利酒家"的牌子，带到中央公园野餐庆祝。这些人都是日后回国参加新中国建设的知名学者。

1951 年，徐光宪获得了哥伦比亚大学博士学位。在哥大，他迎来了自己学术生涯的第一个高峰。1949 年 2 月，他当选为美国菲拉姆达阿珀西龙（Phi Lamda Upsilon）荣誉化学会会员，接受一枚象征开启科学大门的金钥匙；1950 年 10 月，当选为美国荣誉科学会会员，再次接受一枚金钥匙。毕业之后，他可以留在哥伦比亚大学做讲师，也可以被举荐到芝加哥大学做博士后。摆在徐光宪面前的，是一片锦绣前程，但他毅然决定回国。

"第一是交大学生运动的影响，第二是钱学森学长的影响。"徐光宪对钱学森有很深的感情，"我们在念书的时候，他已经是加州理工学院喷气推进中心主任，实际上是航天航空导弹技术的第一把手，但是他决心要回来报效祖国。"当时，抗美援朝已经开始，钱学森回国受到百般阻挠。美国提出法案，要求全体留美学生加入美籍，不准回国。这项法案一旦通过，徐光宪和高小霞可能就再也回不到祖国了。

这时也是高小霞攻读博士学位的最后阶段，她思虑再三，对徐光宪说："科学没有国界，但科学家有祖国。"她决定放弃博士学位，和徐光宪一起回国。1951 年 4 月，他们假借华侨归国省亲之名，登上轮船，带着建设新中国的愿望踏上归途。

为稀土研究留下人才富矿

回到祖国的徐光宪，从始至终都是一位老师。季羡林曾在徐光宪从教

55 周年时提笔庆贺："桃李满天下，师德传四方。"对中国稀土事业而言，徐光宪身后，留下了一大批人才。

王炳武还记得 1998 年在北大后湖旁的朗润园初见徐光宪的情景。"家里布置得很简单，只有几个大书柜，两把椅子。徐先生高高瘦瘦，没有一点架子，和我谈了一下午的研究方向。"那时，徐光宪已经 78 岁，但身体健朗，仍然经常去矿山调研，每日里做研究到深夜。他收下这名年轻的弟子，常常在学术讨论中度过一个下午的时光，让王炳武深深折服于先生的风度。如今，王炳武在稀土的分子磁性研究领域已经颇有建树。

在徐光宪的学生中，有好几位已经是中国科学院院士，北大教授黎乐民就是其中一位。半个世纪过去了，他还记得 1969 年北大技术物理系迁往汉中分校时的一件小事。那年冬天的一次小组讨论会上，徐光宪提出搬迁中要采取特别措施，以保证仪器设备完好无损。"先生很细致，除了大型仪器外，提到实验室用的小设备小器皿也要保护好，以便到了汉中可以很快开展科研工作。"

山西大学教授杨频则对 1973 年从徐光宪那里获赠的一组论文抽印本感念至今。那一年，杨频途经北京，前去拜访徐光宪，想听一听他对自己此前寄去的一束文稿的意见。没想到，徐光宪还赠给他一组论文抽印本。要知道，当时国内所有科学杂志都已停刊多年，尚未复刊，国外杂志更是难觅踪迹。这些论文资料十分难得。杨频回去后将这些论文仔细装订，不时翻阅。1976 年他提出一个新模型，就是基于那本论文集的启发。

春风化雨，润物无声。徐光宪留给中国稀土的，还有一方人才的富矿。

（文 / 张丹丹）

材料科学家师昌绪：

"好管闲事"的院士

师昌绪（1920 年 11 月 15 日—2014 年 11 月 10 日），河北徐水人。毕业于国立西北工学院，金属学及材料科学专家，中国科学院院士、中国工程院院士、第三世界科学院院士。师昌绪领导研制出中国第一代空心气冷铸造镍基高温合金涡轮叶片等多项成果，曾获包括 2010 年度国家最高科学技术奖在内的国家级奖 10 余项。

> 我也没见过这种叶片，但我想，美国人能做出来，我们怎么不能？只要肯做，就一定能行。
>
> ——师昌绪

2011 年 1 月 14 日，在鲜花簇拥、掌声雷动的人民大会堂，一位 91 岁的长者从胡锦涛手中接过 2010 年国家最高科学技术奖的获奖证书。他就是我国著名的材料科学家、战略科学家、两院院士师昌绪。

获奖一周前，记者刚刚采访过师先生。那是 1 月 7 日上午 9 时，身穿深蓝色唐装的师先生准时来到国家自然科学基金委的一间小会议室。虽然头发已全部掉光、还戴着助听器，但老人背不驼、眼不花，思维敏捷。听着晚辈和老同事讲述自己的往事，师先生时而会心一笑，时而若有所思，时而插话补充，常说着说着就手挥拳舞、慷慨激昂，还不时用手敲得桌子"笃笃"直响。

"称您为'高温合金之父'可以吗？"

"这个不对，因为国外早就有人搞出高温合金了。"他断然否认。

"'中国的高温合金之父'总可以吧？"

"中国的也不对，国内也有比我早的，只能说我做过比较重要的贡献。"

孔子曾言：智者乐，仁者寿。听着师先生朴实无华的讲述，我想，这位老人，既是一位智者，更是一位仁者。

回国历程就像一场战争

1920 年 11 月 15 日，师昌绪出生于河北省徐水县大营村一个书香门第，家族中堂兄弟共 12 人，他排行老七。

80 岁时，他写过一篇自述，文中坦陈，幼年的自己"智慧平平，绝非一个聪明人"。但他自幼勤奋，经常躲到家里一个僻静的小院子读书，一待就是一天，吃饭的时候得有人去喊好几遍才回来，因此还得了个"老院子"的外号。

师先生讲，他一生的亮点之一是考上了河北省立保定第二师范学校。学校倡导的是"三杆主义"，要求学生除了会握笔杆子，还要会握锄杆和枪杆。念书之外，学生们每周拿出四个半天下地干活儿；每天早晨，还要练大刀、打形意拳。

1931 年，日本发动"九一八"事变侵占沈阳的消息传来，全班师生抱头痛哭，感觉要亡国了——爱国主义的种子就此深埋。

1940 年，师昌绪考入国立西北工学院。当时有一种说法：一个国家贫穷，主要因为地下的东西没开采出来，所以他选择了矿冶系。

　　大学毕业后，师昌绪于 1948 年到美国留学。三年半后取得物理冶金博士学位，之后，他受聘麻省理工学院冶金系，在此期间，他参与了美国空军课题"硅在超高强度钢中作用的研究"。在他的研究结果的基础上发展出来的 300M 高强度钢，成为 20 世纪 60 年代到 80 年代世界上最常用的飞机起落架用钢。

　　朝鲜战争爆发后，美国司法部明令禁止学习理工、医学的中国留学生回国，师昌绪是"黑名单"中的 35 名中国学者之一。为此，他与几名留学生一起，同美国当局进行了坚决斗争。他们通过一位富有同情心的印度青年外交官，把写明情况的信件转交给中国政府。在 1954 年的日内瓦国际会议上，这封信成为中国抗议美国无理扣押中国留学生回国的重要证据。美国媒体将此事炒得沸沸扬扬，还刊登了师昌绪等三名中国留学生的照片。

　　师昌绪等人还写信给美国总统艾森豪威尔，请求撤销禁令。他们用花 53 美元买来的滚筒式油印机油印这封信，并用两个大皮箱把信件从波士顿运到纽约，向报界、议员和民间团体散发。

　　1955 年春，美国迫于各方压力，公布了一批可以回国的中国留学生名单，师昌绪名列其中。面对导师的挽留，他说："在美国我无关紧要，但我的祖国需要我。"

　　"回国的历程简直就像一场战争！"忆当年，师昌绪说。

　　"美国人做出来了，我们怎么做不出来？"

　　"沈阳、上海任你选。"时任中国科学院技术科学部主任的严济慈，对刚从美国回来的师昌绪说。

　　结果，这位 35 岁的洋博士选择了到沈阳中国科学院金属所工作。两年后，他又服从国家需要，转任金属所高温合金研究组负责人，带领一支小分队研制出航空发动机的核心材料——铁基高温合金 GH135。用这种新材料制作的航空发动机关键部件——涡轮盘，装备了大量飞机。

1964 年，中国自行设计的新型歼击机即将投产，就差制造发动机用的耐高温高压涡轮叶片。此前，只有美国能研制这种叶片。航空材料研究所的副总工程师找到师昌绪，问他能不能牵头搞。"我也没见过这种叶片，但我想，美国人能做出来，我们怎么不能？只要肯做，就一定能行。"第二天，他与时任金属所所长的李薰先生决定接受这个任务。

为啃下这块硬骨头，师昌绪挂帅成立了专门的项目组。在极为艰苦的条件下，他们攻克了一道道难关，于 1965 年研制出中国第一代铸造多孔空心叶片，使我国成为世界上第二个能研制这种叶片的国家。

后来，师昌绪又主导研发了几个系列的耐热合金，这些中国自主研制的合金系列，逐渐在工业生产领域得到认可。业界把师老称为"中国高温合金之父"。

最大的特点，就是好管闲事

1984 年，已过退休年龄的师昌绪从中国科学院金属所所长调任中国科学院技术科学部主任，之后发起、参与了国家自然科学基金委和中国工程院的筹建工作，为我国的基础研究和技术工程研究作出了重要贡献。

"我这个人的特点就是好管闲事。"师先生笑称。

2000 年春，年近 80 的师昌绪找到国家自然科学基金委工程与材料科学部原常务副主任李克健，说要和他一起抓一下碳纤维。李克健听后立马摇头："这事太复杂！谁抓谁一手屎！"

李克健说的是大实话。质量轻、强度高的碳纤维是航天、航空用基础原材料，我国从 1975 年就开始攻关，大会战搞了不少，钱也花了很多，但就是拿不出合格稳定的产品，许多人避之唯恐不及。"我们的国防太需要碳纤维了，不能总是靠进口。"师先生说，"如果碳纤维搞不上去，拖了国防的后腿，我死不瞑目。"

李克健听后深受感动。先后组织召开多个部委、单位参加的座谈会，大家的一致意见是：碳纤维能搞上去！请师昌绪院士作为技术顾问和监督。但时任科技部秘书长的石定寰还是提醒师先生："上亿的资金哪里去找？就是钱弄来了，谁去协调指挥？你师老能指挥得动吗？"

"只要国家需要，困难再大也要干！"师昌绪上书中央，陈说利害。后来，科技部在"863"计划中专门增设了 1 亿元的碳纤维专项。在实施过程中，师先生定了一条规矩：统一领导，谁拿专项的钱，谁就归我们管！不管军队、地方，国企还是民营机构。

师先生多年来"管闲事"的结果，是"管"出了一位名副其实的战略科学家。

"不能保养，越养越坏"

"与师先生相处 20 多年，不管在什么地方工作，他都有很强的吸引力和凝聚力，能把各方面的积极性调动起来。"曾任国家自然科学基金委秘书长、中国材料研究学会副理事长的袁海波说，"这一点在我国科技界特别重要，也特别不容易！"

"1964 年我担任师先生研究室的学术秘书，刚开始挺拘谨的，后来发现他一点架子也没有。"说起 40 多年前的往事，中国科学院金属所前所长李依依院士至今仍很动情，"师先生非常尊重别人，从不把自己摆得很高。你有什么不同的想法，他也支持你做，哪怕做错了重来都可以。"

师先生说："我这人没什么本事，就是能团结大家。"师先生看上去身体很好，其实浑身是病：冠心病、高血压、哮喘。即便如此，他还是退而不休：每天上午 8 点离开家，9 点到办公室，下午 3 点左右回家，中午也不休息。去年一年，他出了 10 次差，在北京主持参与了几十个学术会议。"我现在已经白干了30年了。这30年也是我最有经验的时候，干了一些事，能对得起国家。"他说。

"您是怎么保养的？"

"不能保养，越养越坏！"

"您今后的打算是什么？"

"得过且过。"师先生笑着说，"我外表挺好，其实是什么病都有，所以是得过且过，得活且活——也就是这个样子。"

（文／赵永新）

建筑大师吴良镛：

让人们诗意地居住在大地上

吴良镛，1922 年出生于江苏南京，毕业于美国匡溪艺术学院，中国建筑学家、城乡规划学家和教育家，中国科学院院士、中国工程院院士，清华大学教授。吴良镛曾获评"人居环境科学的创建者"称号。2021 年 6 月 28 日，党中央决定授予吴良镛"全国优秀共产党员"称号。

> 我近年来一直在想一个问题：能不能把中国的山水诗词、中国古典园林和中国的山水画融合在一起，创立"山水城市"的概念？人离开自然又返回自然。
>
> ——吴良镛

清华大学建筑学院吴良镛教授办公室门口，挂着他多年前手书的四个字："匠人营国。"他把自己比作一个匠人，用建筑来建设自己的国家。"它出自《周礼·考工记》，梁思成先生自谦为'拙匠'，清华建筑系是'拙匠之门'。"2012 年 2 月 14 日，这位"匠人"在人民大会堂获得了 2011 年度国家最高科学技术奖。中国科技界的最高荣誉，第一次授予了一位建筑学家。

2012年3月9日，看着吴良镛在助手的虚扶下拄着拐杖缓慢地走进办公室，记者实在无法把他和纪录片资料中那个连摄像机都追不上的老人联系在一起。不过那招牌式的憨厚笑容一点都没变，他边走边笑着说："我现在是半个残疾人了。"2008年夏天在工地的一次中风，差点让他再也站不起来。

他慢慢地走到桌前，坐下，拿出眼镜戴上，再慢慢地掏出助听器塞到耳朵里，同时自嘲："别人是武装到牙齿，我是武装到耳朵。"他说话语速很慢，音量也很低，让人不由得竖起耳朵。这一切都在提醒人们，这位老人的身体里，蕴藏着太多的故事与智慧。但他在采访开始后的第一句话却是："你的一些问题我可能答不上来，因为我自己对现实也有很多困惑。"

恩师以"百废待兴"劝他回国

"秦淮缓缓流呀，盘古到如今。江南锦绣，金陵风雅情呀。瞻园里，堂阔宇深深呀。白鹭洲水涟涟，世外桃源呀。"1922年5月7日，吴良镛出生在江苏南京一个普通职员家庭，家住中华门附近，幼年也曾领略过十里秦淮的繁华与风情。

但好景不长，吴良镛记事后，目睹的多是这座六朝古都的衰败过程。1937年12月，南京沦陷前，他随家人逃难到四川。"当时，各地的流亡教师和流亡学生都到了四川，组建了国立二中。"校址最终定在了合川的濮岩寺——一座修建于唐朝的庙宇。

"1940年我高中毕业参加大学考试，最后一门考完后，中午我正睡觉，日本人开始轰炸了，我们赶紧躲到防空洞里。一时间，地动山摇，火光冲天，瓦砾碎片、灰土不断落下来。当我们从防空洞出来时，发现大街小巷狼藉一片，合川大半座城都被大火吞噬。"颠沛流离的命运和满目疮痍的国家，让吴良镛对一个稳定、舒适的居所有着特殊的向往。这大概也是他选择学建筑的一个原因。

吴良镛考进了重庆中央大学建筑系，毕业后，他加入中国远征军，在云南的滇缅边境对日作战，1945年抗战胜利前，他回到重庆。

"当时，我对前途比较迷茫，只想着回到大学继续读书，直到遇到梁思成先生。"大学时，吴良镛因一篇文章而被梁思成看中。抗战胜利后，梁思成与时任清华大学校长梅贻琦开始筹备清华建筑系，吴良镛也来帮忙。在此期间，他还认识了梁思成的夫人、女建筑学家林徽因，从此开始了与梁、林的师徒情谊。"他们给我指明了人生道路，从那时开始了我一生的事业。"

清华建筑系建系之初，梁思成赴美讲学，吴良镛和林徽因成为系里仅有的两名教员。1948年夏天，梁思成推荐吴良镛到美国匡溪艺术学院建筑与城市设计系深造。在著名建筑师沙里宁的指导下，吴良镛开始探索中西交汇、古今结合的建筑新路。他的作品屡次获奖，在美国建筑界崭露头角。

新中国成立后，梁思成、林徽因夫妇给吴良镛寄去一封信，信中"百废待兴"四个字，让他重新想起儿时的苦难与梦想。1950年，吴良镛回到清华大学。1959年，他创办了清华大学建筑设计研究院；1984年退休后，筹建了清华大学建筑与城市研究所；1995年，已73岁高龄的吴老，又一手创办了清华大学人居环境研究中心。

著名的美籍华裔建筑学家贝聿铭曾经说过："不管你到哪个国家，说起中国的建筑，大家都会说起吴良镛。"事实上，在当前这个信息发达的时代，吴老在国内绝非被人们追捧的名人，但很多人都受惠于他的理念和思想——他参与过北京、北海、三亚、张家港、深圳、无锡、苏州等城市的规划设计，主持了山东曲阜孔子研究院和中央美术学院校园的设计，参加了长安街规划、国家图书馆的建筑设计，并组织编撰了中国第一本城乡规划教科书。

北京城改造就像剃头

在北京人艺的话剧《全家福》里，老北京的建筑工人王满堂在拆除东直门城楼的工地上发了一天呆。回来后家人问他干什么去了，他眼里噙着泪说："给东直门送行，一个建筑不在了，犹如一个相濡以沫的老朋友不在了，我想再看它一眼……"

从 1915 年开始，东直门就在一点点地被拆减，直到 1969 年东直门城楼被拆除。而这仅仅是古建筑命运的一个缩影。现实中比王满堂更痛心的，是吴良镛的老师梁思成。他的晚年就是在为保护北京古建筑的奔走呼号中度过的，他曾大声疾呼："拆一座城楼就是剜掉我一块肉！"

梁思成的理念被吴良镛保留了下来："过去 100 年，在激烈的政治经济社会文化的变迁中，中国对传统文化的否定是史无前例的。北京的旧城不能让它再毁坏下去了，它可以说是世界城市史上无与伦比的杰作，是中国古代都城建设的最后结晶。"

早在 1978 年，吴良镛就开始对北京旧城整治进行研究。他认为，北京的旧城改造，不仅要满足现代生活的舒适要求，还要与原有的历史环境密切结合。他提出了"有机更新"理论和建造"类四合院"住房体系的构想。在这一构想下，吴良镛生命中最重要的作品之一——菊儿胡同 41 号院诞生了。

菊儿胡同位于北京市中心城区，41 号院原来是那种老电影上常见的环境最恶劣的大杂院：人满为患，40 多户人家共用一个水龙头，一下雨就发水灾。1987 年，吴良镛接手了菊儿胡同改造工程，把 41 号院建成了由几栋白墙黛瓦三层小楼构成的类四合院建筑，由于空间应用合理，三层楼容纳了普通楼房五层的人口。整个院子充满了苏州园林的诗情画意，甚至保留了原有的古树。1992 年，菊儿胡同改造获得亚洲建筑师协会金质奖，1993 年获得联合国"世界人居奖"。

然而，菊儿胡同的三期改造工程却因开发商称"亏本"而搁浅，吴良镛的改造理念再没得到推广。"有人说，菊儿胡同没有价值、没有典型性，别的地方盖不了。其实，我并不是要所有的房子都盖成菊儿胡同，只是希望不同的地区能根据自身条件，改造出它的特色。"

现实让吴良镛失望了，北京城改造的速度和方式，在他看来就像剃头，"北京已经像一个癞痢头，出现了一片片'平庸的建筑'和'平庸的街区'。如此无视这个历史文化名城的文化价值，仅仅将其当作'地皮'来处理，无异于将传世字画当作'纸浆'，将商周青铜器当作'废铜'来使用"。

痛批千城一面

作为一名建筑师，吴良镛心里有着一份对人性的敏锐体察和重视，"与公共建筑相比，我更在意民居。因为民为邦本，普通人的居住问题是建筑最本质、最核心的内容"。

1990 年 7 月，钱学森致信吴良镛："我近年来一直在想一个问题：能不能把中国的山水诗词、中国古典园林和中国的山水画融合在一起，创立'山水城市'的概念？人离开自然又返回自然。"或许是从中得到了灵感，吴良镛始终把"诗意地居住"挂在嘴边。"我毕生追求的就是要让全社会有良好的与自然相和谐的人居环境，让人们诗意般、画意般地栖居在大地上。"

1993 年，吴良镛提出人居环境科学的概念，得到了全球建筑界的认可。"人居环境，就是人、建筑物乃至于自然环境，是相互协调的一个住所。

人居环境，首先讲究秩序：从时间上讲，怎样前后相匹配；从地域来讲，每个地域有每个地域的特点；从环境来讲，要宜居、适合人类居住。"

1999 年，国际建筑师协会第二十届世界建筑师大会在北京召开，吴良镛起草了《北京宪章》，提出"建设一个美好的、可持续发展的人居环境，是人类共同的理想和目标"。

但现实的残酷让吴良镛的理论很难施展。他喜欢玩一个游戏，收集中国大城市高楼林立的照片，让人猜是哪个城市。即便是专业的建筑师，也没有几个能猜中。"千城一面"的现象，几乎成了中国城市的通病。他直言不讳地批评一些城市"重经济发展、轻人文精神；重精英文化、轻大众关怀；重建设规模、轻整体协调；重攀高比新、轻地方特色；重表面文章、轻制度完善"，"好的拆了，烂的更烂"。

建筑师要有赴汤蹈火的热情

吴老就住在清华大学校园里，一周有三四天会来办公室。每次过来，他都会拖个买菜的小拖车，上面放着公文包。这位见人就笑的矮胖小老头，却有着对现实问题的犀利洞察，他的内心满怀忧思。

记者： 您曾多次公开发问："中国建筑规划市场热火朝天，为何中国建筑师一般只作为合作者，充当配角？"现在您找到答案了吗？

吴良镛： 不能说完全找到了，但我能说说我的理解。首先是建筑师的定位问题，建筑师与社会的发展是分不开的，而每个时代又对建筑师的要求有所不同，但不管怎样改变，一定要牢记对人的关切，同时具有赴汤蹈火的热情和无限的忠诚。现在并不是每个建筑师都能这么定位自己。

另外中国社会还有一个缺点，就是长官意志对建筑规划的影响太严重。当然，不能说所有的长官都不懂建筑、没有真知灼见，但必须平等地交流和讨论。现在建筑师不敢也不能改变长官意志，我也有这样的亲身经历，设计一幢房子要耗费相当多的精力，其中一大部分不在设计本身，而在于处理各种矛盾。这个问题不解决，建筑师无法当上主角。

自古太守多诗人。希望作为城市规划决策者的领导人，都能具有诗人的情怀、旅行家的阅历、哲学家的思维、科学家的严格、史学家的渊博和革命家的情操。

记者：您经历过那个大师辈出的年代，而如今中国大师越来越少了。您觉得问题出在哪里？

吴良镛：这就是著名的"钱学森之问"，我也问过自己好多次了。这个问题很复杂，我就想谈一点，是社会评价标准的问题。做学问要有安贫乐道的精神，现在社会的评价标准只有一个，就是有没有钱。这样怎么能安心做学问？我年轻时生活条件比现在差多了，但我没有放弃学术追求，因为当时的评价标准不是这样，中国的传统道德和责任感才是我求学的动力。

记者：现在普通人在城市辛苦打拼，为的只是不大的容身之地，您倡导的"诗意地居住"对他们而言，似乎是个奢求。

吴良镛：我三年前住院，很多医生、护士都问我："您是搞建筑的，我现在想买房，可房价太高了，我该不该出手？多少价位合适？"我真的没法回答他们，这个问题太难了。

梁先生提过"住者有其房"，建筑师不管是设计豪宅还是民居，都应该有职业责任感，就是让中下层老百姓都有房住。学了60多年的建筑，看到很多人无法安居乐业，我心里十分难受。人人安居乐业，社会才能安定。出现这种情况，是社会的失职，社会要负起这个责任来。

（文／孙夏力）

"中国催化剂之父"闵恩泽：
国家需要什么，我就做什么

闵恩泽（1924年2月8日—2016年3月7日），四川成都人。著名石油化工专家，我国炼油催化应用科学的奠基人，中国科学院院士、中国工程院院士、第三世界科学院院士，2006年获得国家技术发明奖一等奖，2008年荣获2007年度国家最高科学技术奖。

> 现在国家把我"包"了，我还有钱，国家又给我奖励，怎么用？一句话，回报社会吧。
>
> ——闵恩泽

推门进去的时候，闵恩泽还伏在办公桌前和一位年轻人谈论工作上的事，他一边笑着示意记者落座，一边回身把事项一一交代完毕。84岁的闵恩泽已经把上班当成了一种习惯，每天早上9点多钟，闵恩泽穿着深蓝色的厚羽绒外套，戴着棕色的"老头帽"，花15分钟穿过中国石化研究院的家属区，走到办公楼。一层对着楼梯的墙上，挂着他和夫人的大幅照片，两个人同为中国科学院院士。"工作很有乐趣嘛——"闵恩泽操一口四川话，慢条斯理，抑扬顿挫。

2008 年 1 月 8 日上午 10 时，人民大会堂。胡锦涛把 2007 年度国家最高科学技术奖证书颁发给闵恩泽，台下镁光灯闪成一片。从电视到报纸，人们认识了这位总是乐呵呵的老先生，也知道了一个不熟悉的名词：炼油催化剂。

"第一个馒头"

研发炼油催化剂，是闵恩泽事业的起点。催化剂技术是现代炼油工业的核心工序，被称作石化工艺的"芯片"。在高温高压下，石油的内部成分通过催化剂转化成不同产品。可以说，现代催化剂技术决定了石化工业的发展，因此，多年来各国都对催化剂技术高度保密。

100 多年前，美国人率先用催化剂加工石油，从此决定了全世界炼油技术的方向。20 世纪 50 年代，中国完全没有研制催化剂的能力；60 年代，中国跃升为能够生产各种炼油催化剂的少数国家之一；80 年代，中国的催化剂超过国外水准。21 世纪初，中国的绿色炼油工艺开始走向工业化。

有人如是总结：这几次技术跨越，闵恩泽功不可没。他为国家创造的财富，可以用上百亿元甚至上千亿元来计算。"很多人挺关心这个问题：国家奖给您 500 万元，您怎么花？听说您都要捐出去？"听记者问完，他歪着头，想了一下说："这 500 万元不是全部给我的，其中 50 万元给个人，其余 450 万元给整个科学研究院做课题研究。哎，我告诉你我以前的事。"闵恩泽往前倾了倾身体，"我在美国念书时，挣钱只是为了生存，为了改善生活。后来回到祖国，我每月 270 块钱，加上我夫人的工资，俩人挣 500 多块呀！"

那个年代，普通人月收入能达到三四十元就很不错了，闵恩泽夫妇称得上"金领一族"。两人工作之余，一大乐事就是下馆子"狠撮一顿"。"那时北京吃饭的地方极少，下馆子要排队。"闵恩泽一脸幸福地回忆，"有一次在北京饭店吃饭，座位不够，我们和别人共用一桌，结果把别人的饭吃掉了，哈哈！"偶尔下馆子是闵恩泽生活中唯一的"挥霍"，他大部分节余的工资都资助给亲友生活、读书。

"现在国家把我'包'了，我还有钱，国家又给我奖励，怎么用？一句话，回报社会吧。我想再添点钱，奖励院里的创新课题研究。现在的奖励政策，都是科研成果工业化后才给奖。我总是举三个馒头的说法：一个人，吃第一个馒头不饱，吃第二个馒头也不饱，吃第三个馒头才饱。在科研成果工业化后给的奖，就是最后一个馒头。在现实中，往往把第一个馒头忘掉了。我觉得现在需要激励原始创新，有必要设一个奖，给的奖就是第一个馒头。"

"赶上了好时候"

获奖的消息传来，闵恩泽被学生们拉到饭馆"宰"了一顿，他冲着记者乐："得了奖高兴啊，不过也如释重负。"国家最高科技奖的评审过程差不多要 10 个月，历经层层申报与审核，这期间时不时就有人来打听："闵老，您这次应该会评上奖吧？"问得多了，闵恩泽就有压力。得知获奖那天，学生和同事起哄要闵恩泽请客，闵恩泽也十分开心："我很幸运！也赶上了好时候！"

闵恩泽说的好时候，始于 20 世纪 50 年代。那时，中国在炼油技术上几乎一片空白，炼油厂也都由苏联援建。但从 1960 年开始，苏联逐步减少对我国供应催化剂。特别是到了 1964 年初，苏联停止了对我国供应小球硅铝裂化催化剂。这是一种用于生产航空汽油的催化剂。如果没有航空汽油，飞机就上不了天。"当时，我们库存的这种催化剂只够用半年。石油部决定自己研发生产，部长下令让我负责解决这个问题。我当时的压力还是比较大的。"

在闵恩泽临危受命之时，国家也调拨了大批科研人员联合攻关。大家夜以继日地工作，通常在凌晨一点的时候，才抽空一起坐下来开个会。经过三个月异常辛劳的工作，小球硅铝裂化催化剂研发成功并顺利投产。当人们欢呼雀跃之时，病魔却正向闵恩泽袭来。

这一年的秋天，闵恩泽鼻炎发作，去医院检查，结果发现得了肺癌。医生没有告诉他真相，只安慰他说是长了良性结核瘤，动个手术就没事了。对医生的话，闵恩泽既不多想，也不疑心。很快，在切去了两片肺叶后，闵恩泽又投入到紧张的工作中。直到四年后一次体检时，他翻看病历，才知道了真相。"这已经过了相当长一段时间，好像没什么事了，我也没有什么精神负担。"多年后，女儿评价父亲："脑子太单纯，只会想催化剂。"奇怪，就是这么单纯的一个人，每天开开心心地上班下班，有名有利的事总是让给别人，却一边创造着生命的奇迹，一边创造科研的辉煌。

"没想到国家这么信任我"

认识闵恩泽的人，都知道他脾气好，不跟人争执，不固守己见，有些事放到别人身上非愁死不可，可他照样能乐颠颠地过日子。聊起从前的成就，他常常就一句话："我比较幸运嘛。"

其实，1955年从美国回到祖国时，闵恩泽并不幸运，连工作都找不到。"那时，大家不敢用我，有顾虑，因为我是从美国回来的人。我妻子是上海人，原本打算在那里工作，找了纺织工业部一个官员，他没敢要我。接着，我又到北京找了一些单位，他们也都不敢要我。不过，后来还是有单位要了我，做催化剂研究工作。"

此前，闵恩泽的专业和催化剂并无直接关系，但能在一个岗位上为国家效力，闵恩泽已然很知足。"后来，石油部把研制国产催化剂的重任交给我，我心里很感动！没想到国家这么信任我！"

中国科学院院士何鸣元与闵恩泽共事多年，最推崇的就是闵恩泽这份不挑不拣的品性，"搞科研的人往往以兴趣为主，因为在自己有兴趣的领域才容易出成果。而闵先生则不同，他更强调社会需求，只要国家急需什么，他就研究什么，跨度再大也不回避"。

闵恩泽记忆力好，说到往事，很多细节都能回忆得一清二楚，而且常常是边说边笑，乐得自己有时候都停不下来。"我在美国时，特别喜欢一种甜点，南瓜做的，两毛钱一个。那时候没钱，舍不得吃，到现在还记得味道。回来以后，在兰州工作了一段时间，吃得不好，早上吃一种绿绿的东西，我现在也不知道叫什么名字。"他刚一皱眉，旋即又弯了弯眼睛，"呵呵！其实，吃得差也有好处呀！不生病，心脏和血压都正常。后来去了湖南，吃得好了，可是得了高血压，因为在那里吃的都是猪油。"

在"文化大革命"期间，闵恩泽的夫人陆婉珍被下放到外地，闵恩泽独自带着孩子留在北京，吃饭成了难题。"这没什么可怕的。我自己学做饭，我家里以前有个舅父开饭馆，他给我写了好多菜单，都是秘方呀，我都留着呢！"闵恩泽比画着背菜单的样子，只要旁边有自己的学生，语气中又多了一丝自豪与得意："他们也都吃过我做的菜！"

晚年时的闵恩泽，屡受胆囊炎、胰腺炎、高血压等疾病的侵扰，现在还患有前列腺癌。"医生说我可以多喝咖啡。这我最喜欢了！我现在每天早上都喝一杯。"闵恩泽吃东西也不忌口。到老家成都出差，他总要抽时间去武侯祠对面的老面馆吃上一碗面；路过街边的冷饮店，他也要进去买个冰激凌出来，慢悠悠地边走路边吸吮着。这样一位老人，病魔恐怕也被他逗乐了。

爱工作，也爱音乐

闵恩泽小时候家境优越，生活也算安宁富足。不料，上中学时却遭遇了抗日战争，他经常从屋里跑出去，躲避日军飞机轰炸。"那叫跑警报，日本人搞疲劳轰炸，有时我们跑出去了，他又不炸，折腾人。有一次我干脆不跑了。想不到，他还真炸了。"闵恩泽用手比画着，嘴里还模仿着飞机扔炸弹的声音，"很快，'轰'的一声，我家的仓库炸没了"。外敌入侵的这段历史，闵恩泽铭记在心，难以忘怀；也激励着他一辈子都在刻苦求学，勤奋工作，报效国家。

进入 21 世纪，随着石油紧缺和环境污染加重，很多国家都在开发清洁再生能源。闵恩泽也带着一个团队，研发生物柴油生产工艺技术。"生物柴油目前还不能产生经济效益，因为我们使用的桐籽油之类的植物原料，价格太贵了，一般都要 7000—9000 元一吨，而柴油才 5000 元一吨。另外，政策也要求不能跟粮油争地。所以，我们现在尝试用海藻做原料。至于能否更便宜，现在还不好说。"谈及工作和科技问题，闵恩泽出言谨慎而谦虚。事实上，在他的带领下，我国在世界生物柴油的生产工艺技术领域里，已实现了后来居上……

闵恩泽有个习惯，不管谈论什么事情，最后都能把话题转回到工作上来。但他也不是工作狂，对生活的热爱不比年轻人落伍。闵恩泽喜欢流行音乐，"超女"冠军的歌，他能哼上两句；最新版的《上海滩》，他也张口就来。时间充裕的时候，他会系上围裙，给家人和学生们露一手。就像爱因斯坦着迷于小提琴，居里夫人操持家务一样，热爱事业的闵恩泽，永远跳动着他那颗热爱生活的心！

（文／路琰）

爆炸力学"开拓者"郑哲敏：
国家的需求，就是我的专业

郑哲敏（1924 年 10 月 2 日—2021 年 8 月 25 日）出生于山东济南，浙江鄞县（今宁波市鄞州区）人。物理学家、力学家、爆炸力学专家，中国科学院院士、中国工程院院士、美国国家工程院外籍院士，2012 年度国家最高科学技术奖获得者，中国爆炸力学的奠基人和开拓者之一，中国力学学科建设与发展的组织者和领导者之一。

> 搞科研更多的时候很苦、很枯燥，要经得起寂寞。
>
> ——郑哲敏

2013 年 1 月 18 日，89 岁的郑哲敏从胡锦涛手中接过国家最高科学技术奖证书。在无数个摄像机镜头面前，郑哲敏把双眼眯成了一条线，以此来表达他的喜悦之情——由于喉咙不适，医生建议他尽量少说话。

那本红彤彤的证书大得几乎可以覆盖他的上半身，也把他映得满面红光——这个奖可以说是对他一生奉献的总结。评审词写道："郑哲敏院士是国际著名力学家，他阐明了爆炸成形的机理和模型律，解决了火箭重要部件的加工难题，发展了一门新的力学分支学科——爆炸力学，是我国爆炸力学的奠基人和开拓者之一，为建立力学的理论体系和应用作出了突出的贡献。"

做了 20 年噩梦

郑哲敏的父亲郑章斐出生在浙江宁波农村，家境贫寒，儿时以放牛为生，读过一点书。15 岁时，郑章斐去了上海，在一家钟表店里当学徒，边学手艺，边学会计和英语。四年后，郑章斐已是著名钟表品牌亨得利的合伙人，还成了家。之后，他携家人到山东，在济南、青岛开办了亨得利分号。这名成功的商人不吸烟，不喝酒，也不像很多有钱人那样娶小老婆，朋友也多是医生或大学教授。良好的家庭环境为郑哲敏与家中兄妹的成长打下了基础。

1924 年 10 月 2 日，郑哲敏出生于济南，排行老三，是家中次子。1928 年，为阻止国民革命军北伐，日军在济南杀害中国官民 1 万余人，制造了"五三惨案"。"我上街看地上有好多子弹壳，小孩嘛，好奇，就去捡。旁边有个日本哨兵拿着步枪就来攉我，枪上还有刺刀，吓得我撒腿就跑。"郑哲敏回忆说。之后的 20 年，郑哲敏晚上经常做噩梦，梦里总离不开刺刀、逃跑。

儿时的郑哲敏很调皮。1931 年"九一八"事变后，济南的大街上有很多人游行，抗议日本侵略中国。看到这一幕后，郑哲敏也带着弟弟妹妹举着旗在自家院子里游行，还恶作剧地围着父亲钟表店里的一位师傅转圈，并把一盆水倒在了那位师傅的床上。父亲得知后大怒，用绳子把郑哲敏捆了起来——父亲是在告诉他：自家店里的工人不可以随便欺负。随后，父亲与他进行了一次长谈："商人是最被人看不起的，所以你长大了不要经商，要好好念书，学点本事。"望着新盖的很气派的门店，郑哲敏暗下决心："无论将来做什么，都要像父亲一样做到最好。"

1937 年郑章斐到成都，在春熙路开了家钟表店。第二年春节过后，叔叔带着郑维敏、郑哲敏兄弟俩来到成都。尽管是大后方，日本的飞机仍不时来轰炸。有一次，老师问郑哲敏以后想干什么，他答："一个是当飞行员打日本人，一个是当工程师工业救国。"儿时的噩梦依旧伴随着他，但他已把害怕化为发愤自强的力量。

初到成都时，郑哲敏是插班生，只能坐在最后一排，再加上听不懂四川话，又因头痛休学半年，所以功课落下很多，他只能加倍努力。郑哲敏喜欢英语，参加了学校英文社团，时常看美国电影，还自学英文版《欧几里得几何》。一次英语课上，老师让郑哲敏比较 sing（唱歌）和 thing（事物）的发音，结果他读了几次，老师都说不对。这也难怪，郑哲敏最初讲山东话，后来讲四川话，再后来说普通话，汉语发音都不标准。但他不服气，连走路都在练习，终于找到了正确的发音。为了激励自己，他还为每门课另备一本英文教材。

60 年前做的项目还在运行

1943 年，郑哲敏以优异的成绩考入西南联大。之所以选择这所大学，是因为哥哥郑维敏前一年考上了这所大学。"他是我崇拜的偶像，他学什么我学什么。到了第二年，我哥哥说，咱们兄弟俩别学一样的，分开学吧。所以我就改选了，从电机系改到了机械系。"郑哲敏说。郑维敏后来也成为我国的著名科学家，是清华大学工业自动化专业和系统工程专业的创办者，央行前行长周小川的博士生导师。

当年到昆明报到时，郑哲敏是坐着飞机去的，有这种经济实力的学生并不多见。可学校则是另一番景象：校长梅贻琦和很多教授都穿得破破烂烂，学生们在茅草房里上课。但老师认真教课以及活跃自由的学术氛围，给郑哲敏留下深刻印象。

1946 年，抗战胜利后，组成西南联大的北京大学、清华大学、南开大学各自迁回原址，郑哲敏所在的工学院回到北京清华园。这一年，钱伟长从美国归来，在清华大学教近代力学，郑哲敏成了他第一批学生。"钱先生的课很吸引我们，他是我的启蒙老师。"郑哲敏说。在钱伟长的影响下，郑哲敏的研究方向转向力学，毕业后还给钱伟长做起了助教。

1948 年，国际扶轮社向中国提供出国留学奖学金，全国只有一个名额，郑哲敏获得清华大学校长梅贻琦、教授钱伟长以及清华大学教务长、英语系主任、机械系主任等多人推荐。钱伟长在推荐信中写道："郑哲敏是几个班里我最好的学生之一。他不仅天资聪颖、思路开阔、富于创新，而且工作努力，尽职尽责。他已接受了工程科学领域的实际和理论训练。给他几年更高层次的深造，他将成为应用科学领域的出色科学工作者。"获得奖学金名额后，郑哲敏选择了美国加州理工学院，钱伟长也是从这所学校走出来的。

仅用一年时间，郑哲敏就获得了硕士学位，1952 年，他又获得应用力学与数学博士学位，而导师正是长他 13 岁的钱学森。与他一同就读加州理工学院的同学吴耀祖说，数学课上有比较难的题，郑哲敏总被老师请上台讲解。吴耀祖开玩笑说："别人做不出来，郑哲敏总是能做出来，难道是因为他的名字中有'哲'有'敏'？"

临近博士毕业时，郑哲敏第一次独立完成了一项科研。美国哥伦比亚河上有个水库，名叫罗斯福湖，湖两侧是高出水面 100 多米的高原。美国人想用水库的水浇灌高原上的土地，为此架起了 12 根直径近 4 米的水管，但建好后，水管振动非常强烈，根本不能运行。工程方找到加州理工学院的一位教授，介绍完情况后教授问身边的郑哲敏："你能不能看看这是怎么回事？"郑哲敏点头答应了。经过计算，他给出了解决办法——消除水管和水泵的共振。60 年后的今天，这些巨大的输水管还在运行。

获得博士学位后不久，郑哲敏陷入困顿。美国移民局不仅扣下他的护照，还以"非法居留"的罪名把他关起来。幸亏好友冯元桢（著名生物工程学家、生物力学之父）花 1000 美元把他保释出来。没有身份证明，又不能离境，郑哲敏只能在学校当临时工，生活很拮据。有人给郑哲敏支招，让他找水坝工程方再去要些钱，因为郑哲敏解决了这么大的问题，只得到区区 400 美元，但郑哲敏没那么做。"他就是一个做学问的，没有那么多花花点子。"郑哲敏的学生、中国科学院力学所研究员丁雁生和记者谈及导师的往事，感慨良多。

想为国家做点实实在在的事

1955 年 2 月，郑哲敏回到百废待兴的祖国。"我离开美国的前一天晚上，钱先生（钱学森）请我到他家吃饭。钱先生说，现在新中国刚刚成立，我们研究的问题也不一定能马上用得着，国家需要什么我们就做什么。"8 个月后，钱学森也回国了，并于第二年创建了中国科学院力学所，郑哲敏成为该所首批科研人员。

1960 年秋天，中国科学院力学所篮球场上围了一群科研人员，一个小型爆炸实验正在进行。砰的一声，一块手掌大小的铁板被雷管炸成一个规整的小碗。郑哲敏在解释这个小碗的成形时说："在铁板上面放上雷管，雷管周围放好水，密封好，爆炸时水受到挤压，进而把铁板挤压成想要的形状。"当年钱学森兴奋地说："可不要小看这个碗，我们将来卫星上天就靠它了。"就这样，一个新兴的专业诞生了，钱学森将其命名为"爆炸力学"，带头人就是郑哲敏。

20 世纪 60 年代初，"两弹一星"的研制工作正在紧锣密鼓地进行着。由于加工工艺落后，很多形状特殊的火箭关键零件很难制造出来，而郑哲敏的任务就是用爆炸成形的方法制作火箭零部件。"火箭上零件比较大，但是很薄。做这些最好的办法就是用水压机，但是我们国家当时没那条件，所以作为应急的一种东西，爆炸成形的办法是不错的。"

20 世纪 70 年代初，珍宝岛事件后，为改变我国常规武器落后的状况，郑哲敏参加穿破甲机理研究。在兵科院的大力支持下，他提出用模拟弹打钢板的办法研究炮弹打装甲的规律，通过大量合作实验和分析计算，最终使弹药能在规定距离内打透相应厚度的装甲，也提高了我军装甲的抵抗能力。

爆炸虽然在军事上更多见，但郑哲敏也可让它在民用工业发挥作用。许多设备需要焊接铜板和钢板，由于材质不同，焊接工人束手无策，他领导研究爆炸焊接，使不同材质的金属板成功黏合；针对煤矿瓦斯爆炸突出事故，他从力学角度分析资料，组织实验和井下观察，为判断煤矿瓦斯突出危险性提供基础理论；他还用爆炸方法解决了海底淤泥问题，他开创的爆炸处理水下软基技术纳入了国家规范……对此，郑哲敏说："我就是想为国家做点实实在在的事。"

不过，据郑哲敏介绍，爆炸力学在很多领域都是过渡性学科，现在我国有大型水压机了，爆炸成形技术也就被替代了。但他并没闲着，又转到了新的研究领域——天然气水合物，即可燃冰。多年前，郑哲敏曾对他的学生们说："不能给工业部门打小工。"对此，他的学生、中国科学院院士白以龙是这样理解的："科学院的工作要走在国家需要的前边。等到工业部门可以自己处理问题时，科学院必须已经往前走了，而不是跟他们抢饭碗、抢成果。"

在郑哲敏看来，他的责任远不止解决这些科学问题，他在一篇文章里写道："科学的繁荣孕育于自由交流和碰撞之中。"为了加强中国力学界与国外交流，1988 年，郑哲敏开始为申办在国际上极具影响力的世界力学大会奔波。2008 年，84 岁的他带着氧气机登上飞机，继续为这一目标努力。2012 年，四年一度的世界力学大会在北京举办，郑哲敏已经为此奔波了24 年。

科研人员别想着发财的事

郑哲敏经常很早起床，步行到自己的办公室，用那台时髦的苹果笔记本电脑查资料。如果遇上帮他打扫办公室的清洁工，他会笑着弯腰点头，诚恳地说声"谢谢"。

这位慈祥平和的老人，在学生眼里则是严厉的。他的博士生很少能按期毕业，有的甚至需要七八年才毕业。郑哲敏的学生、中国科学院力学所研究员李世海说："有时候我参加社会活动多，他就会严肃地批评我，告诫我要潜心研究。"对此，郑哲敏的解释是："现在年轻人压力大，不能沉下心想远一点的事。搞科研更多的时候很苦、很枯燥，要经得起寂寞。科研人员别想着发财的事，但只要给他一个体面的生活，他一定会好好干。不要刺激他们，用各种名利吊他们的胃口。现在很多科学家天天算的就是工资多少绩效多少，每天操这个心，像无头苍蝇一样，这就不可能想大事、想长远的事。"

中国科学院力学所原副所长李和娣告诉记者："要跟郑先生商量学术问题，自己得先想好一二三和所以然，不能自己什么也不想就问。他希望你自己动脑筋，得有自己的思想，不是像扶贫一样直接给钱，而是激发你的创造性。"在郑哲敏看来，现代科学精神的精髓就是古希腊时代传承下来的

"自由探索"的精神。

有了闲暇时间，郑哲敏喜欢读自然哲学和欧洲史、科学史等方面的著作，他也爱思考一些哲学问题，还喜欢散步和听音乐，最喜欢听巴赫、贝多芬的作品。在家里，他会主动帮妻子干家务："这几年，家里的衣服大多是我洗，因为我和老伴儿年纪都大了嘛，我的体力比她好。晾衣服也是我来，我够得着，她够不着。"

记者问他："您保持健康的窍门是什么？"郑哲敏乐了："不发胖，多走路，睡觉正常，看病勤快，有时候也算一些小题目，防止糊涂。""以后还有什么打算？""我已经做好随时走人的打算了。""对年轻人有什么建议？""至少每年读一本书，一定会获益良多的。"

（文／田亮）

诗意数学家谷超豪：

解题岂一法，寻思求百通

谷超豪（1926年5月15日—2012年6月24日），浙江温州人，数学家，中国共产党党员，中国民主同盟盟员，中国科学院院士，2009年度国家最高科学技术奖获得者。

希望能跟夫人一起，再培养出几位新的数学优秀人才。

——谷超豪

2010年，记者见到谷超豪院士，是在复旦大学数学科学学院一次全体教师开会的间隙。灰呢子大衣搭配暗红格子羊绒围巾，一头齐整的银发，时年84岁的谷老看来气质非凡，充满智慧。2010年1月11日，他刚刚和航天专家孙家栋院士共同获得了2009年国家最高科学技术奖。

此生要做两件大事

面对记者的提问，谷老始终保持微笑，一口软软的南方普通话，话不多，总出人意料却又在情理之中——

"请问要想在数学上有所成就，关键应具备什么样的品质？"他不紧不慢地开口："对解决问题有热情，对创造感兴趣。"

"您研究了一辈子数学，不觉得苦？"这次他答得更干脆："能解决复杂问题是很高兴的，不会苦。"

1926 年，谷超豪出生于有着"数学之乡"美誉的温州。小学三年级时，他对除法中的循环小数现象着了迷："1 被 3 除，是 0.3333……能一直除下去，永远除不尽，却能用无限循环小数表示出来，这给人无穷的想象空间。"这是数学对他最早的触动。

抗日战争爆发后，还是小学生的谷超豪偶然看到校礼堂墙上张贴的一条标语："青少年要立志做大事，不可立志做大官——孙中山。"一个念头渐渐在他心中升起：此生要做两件大事——做科学家、做革命家。在那个时代，这两个目标有时一致，有时又有些矛盾。"人生是短暂的，所以我总是尽量多学习，多做些事情。"少年谷超豪阅读了《大众哲学》等进步书籍，并加入了学校的进步组织，写文章、贴标语。1940 年，年仅 14 岁的他加入了中国共产党。新中国成立前夕，他又和同志们一起成功策反了国民党政府国防部雷达研究所。

1943 年，谷超豪考入浙江大学数学系，从大三起师从我国近代数学的主要奠基人、微分几何学派的鼻祖苏步青。五年后，他以优异成绩毕业并留校任教。1953 年，全国高校院系调整，谷超豪随苏步青来到上海复旦大学。

谷超豪总是抓紧一切时间思考数学问题。他的学生、现任复旦数学系教授的刘宪高记得，一次，他陪老师去香港中文大学访问，在便利店买矿泉水时，一直没怎么说话的老师忽然开口："你知道怎么用数学描述冰随着时间推移而融化的过程吗？"

比美国数学家领先 10 年

1956 年，我国制定了第一个"科学发展规划"，提出要在计算数学、偏微分方程等较薄弱的领域有所突破。此时的谷超豪，已是我国古典微分几何学派的中坚力量。看到规划内容，他决心承担起这个使命。1957 年底，他被公派到莫斯科大学进修，除了规定课程，还有意识地学习了与高速飞行器密切相关的空气动力学。两年进修结束后，凭借出色的研究成果，谷超豪被破格授予物理－数学科学博士学位。在校方举办的盛大庆祝宴会上，谷超豪一反平日内敛的形象，开怀大笑。

1960—1965 年是谷超豪的学术丰收期，尤其在混合型偏微分方程方面取得了重要突破。由于受到当时学术交流的限制，他的研究成果并未及时被国际学界知晓。直到 1973 年前后，组团来复旦大学访问的美国数学家才惊讶地发现，自己刚完成的研究，谷超豪早在 10 多年前就完成了！

1974 年，著名科学家杨振宁发现，规范场与微分几何有着密切关系，他找到谷超豪一起合作。谷超豪后来回忆说："我们先听他作报告，然后讨论。他给我们提出了一些问题，当天，我和妻子就做出了两项研究结果。第二天跟他讲，他觉得非常高兴。他原先没有料到，复旦有人懂他的东西。"

至此，谷超豪的研究方向再次发生转移，开始投入数学物理领域。他对规范场理论的贡献，被杨振宁称赞为"好像站在高山上往下看，看到了全局"。1981 年，谷超豪应邀在著名数学物理杂志《物理报告》上就规范场理论发表专辑。专辑的首页，是谷超豪用中文撰写的摘要。对中国学者而言，这是破天荒的事。

微分几何、偏微分方程和数学物理，对外行人而言，它们就像神秘而可怕的"百慕大三角"。谷超豪却亲昵地称它们为"金三角"，并从中发现了挖掘不尽的宝藏。就像他的学生、复旦大学原副校长陈晓漫所说的那样："今天的数学学科就像一棵枝繁叶茂的大树，一般研究者能在其中一个分支上摘到果子就很不容易了，谷先生却在三个最主要的枝干上都获得了丰收，是少有的多面手。"

但谷超豪从未主动"采摘果实"。他的学生洪家兴院士曾打过一个形象的比方："他带领大家探索、开路，却往往在找到通往金矿的道路后，将金矿让给跟随他的年轻人去挖掘，自己则带领另一批年轻人去寻找另一个金矿。"

谷超豪成名后，苏步青曾开玩笑："你超过我了，但你没培养出像谷超豪似的学生来。"后来，谷超豪认为"能向苏先生交账了"：从教 60 余年，在他直接指导的研究生中有三人当选为中国科学院院士，听过他的课或受过指导的学生中有中国科学院院士三人、中国工程院院士三人。

人言数无味，我道味无穷

数学还为谷超豪带来了爱情。他的妻子胡和生，是中国唯一的数学界女院士。"1950 年，我们在数学系图书室里偶遇。她说，有篇论文，她有些地方没弄清，想让我帮忙看看……她的宿舍离我的办公室有 10 多分钟路程，当时虽是秋天，但依然很热，她气喘吁吁跑回去拿来。我觉得这个小姑娘很不错，对学问肯钻研……这是我们共同讨论数学的开始。"这段感情，被谷超豪幽默地视为自己成绩的"助推器"："我的妻子也是搞数学的，如果我不努力做出成果来，她就不会重视我。"当年的同学少年，如今已白发苍苍。谷超豪笑盈盈地说，书画世家出身的胡和生很在乎色彩的搭配、样式的和谐。"每次我出席重要活动，她都要关心一下我的行头。只要经她的手这么一弄，倒也总是蛮精神的。"

一个书房两张写字台，丈夫的书桌朝阳，妻子的书桌面墙。"显然我的位置比她的好，"谷超豪话语间带着小小的满足，"我做的工作可以讲给她听，她做的工作可以讲给我听。我们互相理解，也能互提问题、互相核验，这是生活中最大的乐趣！"

外人看来枯燥无味的数学，在谷超豪眼中却如诗般美丽。在数学之外，古典诗词是谷老的另一大爱好。他认为，这两者是相通的。比如诗是用非常简洁的语言，来表达非常丰富和深刻的内容，而几何学则是用直线、点等简朴的概念，建立起丰满、完善的理论。此外，数学非常重视对称，而古体诗中的对仗与此相像。

"人言数无味，我道味无穷。良师多启发，珍本富精蕴。解题岂一法，寻思求百通。幸得桑梓教，终生为动容。"这是谷超豪为母校温州中学 90 周年校庆作的一首诗，短短四十个字，抒发了他对数学终其一生的热爱与眷恋。

（文 / 钱炜）

第二章

不忘初心
挺立民族脊梁

新时代的航天工作者要以老一代航天人为榜样，大力弘扬"两弹一星"精神，敢于战胜一切艰难险阻，勇于攀登航天科技高峰，让中国人探索太空的脚步迈得更稳更远，早日实现建设航天强国的伟大梦想。

　　——2020 年 4 月，习近平总书记给参与"东方红一号"任务的老科学家回信

焊工院士潘际銮：

把自己同国家命运"焊接"在一起

潘际銮（1927 年 12 月 24 日—2022 年 4 月 19 日），祖籍江西。中国科学院院士，南昌大学原校长，清华大学学术委员会原主任。在焊接领域作出杰出贡献，曾获国家创造发明一等奖。1944—1946 年就读于西南联大机械系。

> 这辈子我做事有两个驱动力，年轻时父母很少过问我的学习，靠的是"兴趣"。后来是"成就感"，当自己的研究工作取得了成绩、为国家建设解决了实际问题时，那才是最快乐的时刻。
>
> ——潘际銮

我出生于江西九江，10 岁的时候，抗日战争全面爆发，1937 年 12 月，南京大屠杀之后，很多伤兵和难民跑到了九江。紧接着，日军南下，九江也不安全了。于是，在父亲的带领下，我们全家人扒上了最后一列从九江去南昌的火车，从此开始了流亡生涯。

我们先是跑到了江西南部的泰和，又跑到了株洲，日本飞机一路轰炸，我们接着跑到了衡阳。逃难途中，我得了伤寒，父亲背着我走，我完全失去了知觉。到了广西柳州之后，病情才渐渐好转。

在亲戚的帮助下，我们一家人从柳州搭上了西去的列车，一路颠沛流离，终于到达云南。在云南，父亲到哪儿工作我就跟到哪儿，至少上了四五个中学。因为家里实在贫穷，有时候不得不辍学打工，真正念书的时间也就三年。但我一有闲暇就拿起书本，高中毕业时，云南省会考，我拿了全省第一，被西南联大录取。

"高考状元"考了个不及格

1944 年 8 月，我进了西南联大。我父亲一直怀抱着工业救国的理想，受他的影响，我选择了机械系。机械系是工学院最大的一个系，当时和我一同入学的有 44 名学生。

入学第一年，西南联大就给了我两次"下马威"。一次是"普通物理"课，由著名物理学家霍秉权教授讲授。霍秉权是我国首批研究宇宙射线和核物理的学者之一。他风度儒雅，讲课深入浅出，一边和同学探讨着自然现象，一边给大家讲解它背后蕴含的科学、哲学原理。我非常认真，把老师课堂上讲的问题都弄明白了。但是，第一次期中考试，我居然考了个不及格！

按照现在的说法，我可是当时的"高考状元"，物理一直属于我的强项，"不及格"太不可思议。总结原因，我发现考试的题目不限于课堂上讲过的内容，也不限于平时做过的习题，内容非常广泛。

这逼着我改变了学习方式，老师讲一个问题，我要融会贯通。除了教科书，我还从图书馆借、从高年级同学手上买来各种相关的书，对同一个问题反复研究。

第二次，我栽在物理实验上。按照学校要求，我先用英文写了实验的预备报告，通过之后就进实验室操作。但反反复复几次下来，实验结果仍与标准相去甚远。匆忙之下我抄了一套数据，递交了正式报告。但这没有瞒过老师的眼睛，我受到了严厉的批评，被要求重新做实验。

这件事也给我很大的触动，令我养成了认真细致、一丝不苟的严谨学风。

夏天像蒸笼，冬天寒风穿堂入室

西南联大对学生的要求很严。学校特别重视数学、物理等基础课程，每学期考试不及格的学生大概有 1/3。不过不及格也不要紧，下个学期可以重修。学校实行"弹性学制"，不管是四年还是五年，只要你修满了学分，就可以毕业。但每一个学科要学几门课，修多少学分，都有一个明确的规定。有些重要科目如果总是不及格，要么转系，要么就自动退学，没有一个人能在联大随随便便就混到毕业文凭。

一年级，我学习了国文、英语、微积分、物理、工程画法等学校规定的必修课，还选了冯友兰教授的"哲学概论"和陈岱孙教授的"经济学概论"。老师上课的时候，有时候临时出题小考，学生必须 10 分钟以内回答完毕。所以我们一点都不敢怠慢。

联大的很多老师都用英文授课，教材和参考书都是英文的，要求学生也要有很强的英语听、说、读、写能力。一开始，接触大量自然科学和专业技术词汇，我感到十分吃力。刚进学校，我狠狠地下了一番功夫，过了几个月才慢慢适应下来。

当时我们的教室是土墙，屋顶仅盖一层铁皮，夏天像蒸笼，冬天寒风穿堂入室。下雨的时候，雨点打在屋顶上叮叮当当作响，老师得提高嗓门大声喊叫，才能压得过风声和雨声。学生宿舍是土坯墙茅草顶，冬天四面透风。教授宿舍也是茅草屋，几家住在一起，用布帘子隔开。最好的房子是图书馆，这是联大唯一的一幢瓦顶房子。

办学条件艰苦，但教育理念是先进的。校长梅贻琦反复强调"师资为大学第一要素"。在延聘原先三校教授的基础上，还不断吸引海内外优秀人才，形成了杰出的教学和科研队伍。

整个学校的风气非常自由。学生可以根据自己的兴趣在一定范围内自主选课，有些喜欢的课程可以跨系、跨院选修。我记得有一门经济学的课，我看了相关的书籍，老师讲什么我大概都知道。有一次我没去上课，被老师发现了，他只是说了一句"怎么不来上课还总是考得那么好"。老师领进门，修行靠个人，这是联大所倡导的。

政治主张不同，爱国之心一致

我曾亲历了著名的"一二·一"运动。这是一场学生要求和平民主、反对国民党发动内战的爱国民主运动。1945 年 11 月 25 日晚，联大师生不顾国民党的禁令，在图书馆的草坪上举行演讲会。刚开始不久，军队包围联大校园，用机关枪对空扫射。为抗议暴行，联大等 18 所大中院校举行了罢课，12 月 1 日，一大批军人闯入这些学校，殴打师生、开枪投弹，造成四人被害。鲜血令全国人民震怒，国民党当局为了缓和反对情绪，不得不撤了相关官员。

联大被称为"民主的堡垒"。学校没有公开的党团组织，只有一些社团，可以发表各自意见。政治主张不同，但师生们的爱国之心是一样的。学校总共招收了 8000 多人，毕业 3800 人左右。一部分是学不好或者家庭困难没有毕业，另外一部分是参军了。抗战危急之时，日本人占领缅甸北部和云南西部，对昆明虎视眈眈，滇缅公路这条当时中国最主要的军火补给线也将被切断。国民党号召大学生参加远征军，联大就去了 1000 人左右。

抗日救亡是当时联大师生的共同目标，捐躯赴国难，视死忽如归。不过参军的大多是高年级的学生，像我这样入学不久的新生，学校不建议去。对我来说，10 岁就穿梭在炮火之中，知道国家要亡了的滋味，所以读书纯粹为了求学问，为将来能够救国和报国，根本没有想过功名利禄。

告别的时刻

日本宣布投降的那一刻，整个联大欢欣鼓舞，在蒙蒙细雨中奔走相告。但西南联大没有立即停办，到了 1946 年 5 月才停课。当时学校提出，未毕业的学生可以自由选择清华、北大、南开三所大学，我选择了清华。

5 月 4 日结业典礼的那一天，全体师生到校园后山举行了"国立西南联合大学纪念碑"揭幕式，冯友兰教授宣读了受校方委托撰写的碑文。悲壮激越的校歌响起，凝视着校园的一草一木、一砖一瓦，我意识到告别的时刻到来了。

整个抗战时期对我的影响很大。丰富的经历教会我如何去生存、生活和治学。1948 年我本科毕业，1950 年赴哈尔滨工业大学继续深造，师从俄国教授普罗霍洛夫。如果说在西南联大我掌握了学习的本领，那么在研究生阶段，在老师的指导下，我则学会了如何去精研理论、探索真理。

我从此选择了焊接领域作为我的终身职业。当时中国几乎没有工业，大家对焊接没有一点概念。有人笑话我："学焊接？焊洋铁壶、修自行车吗？"实际上，焊接是非常重要的。火箭、导弹、军舰、航母都是焊出来的，清华的第一个核反应堆是我负责的，建秦山核电站时，我也是顾问，我得保证每一个焊缝的质量。因为整个工程的安全可靠，事关重大。

1993 年，我受命担任南昌大学的校长。我发现校园里打篮球、谈恋爱、跳舞的学生很多，跟我们上大学时候的气氛完全不一样。大家经过高考进了大学，就如同进了保险箱，肯定能毕业。但当年在西南联大，淘汰率很高，而且很自然。我结合实际，学习联大的制度，实行"学分制""淘汰制""滚动竞争制"，激励学生的积极性。

当了 10 年的校长，2002 年我回到清华，继续从事研究工作。一个人一生有几条道路，从政、从商、从学，在我看来，还是"从学"最简单。我常说，这辈子我做事有两个驱动力：年轻时父母很少过问我的学习，靠的是"兴趣"；后来是"成就感"；当自己的研究工作取得了成绩、为国家建设解决了实际问题时，那才是最快乐的时刻。

记者手记

2015 年，在清华大学的"焊接馆"，记者采访了潘际銮这位 88 岁的老院士。这座落成于 1955 年的三层老建筑，是当年在潘际銮带领下一手建成的，潘际銮在这里筹建了清华大学焊接专业。

他现在是西南联大校友会的会长，"我算最年轻的一个，还能干点活儿，接下来怎么办呢，没有可以移交的年轻人啦"。2012 年，他主持了第七十五届校友会议，"可能是最后一届"。

尽管在联大只度过了两年的时光，却种下了一辈子的情结。他时常怀念联大的无为而治，师生们的自由发挥，各种思想的自由碰撞。"现在的年轻老师被逼得太死。"

老先生一生俭朴，读书时期从家带点猪油，拌着食堂的饭，就无比满足。担任南昌大学校长时，一辆老旧尼桑轿车用到接近报废。学校的财务、人事、房屋他统统不管，一心主抓教育。远离权与利、专注学问、生活中无欲无求。即便年龄很大了，他仍然骑着自己的老旧自行车穿梭于宿舍楼和办公室之间，指导学生，进行一些科研项目，自在而洒脱。

（潘际銮／口述　赵晓兰／采访整理）

"卫星之父"孙家栋：
一生只为大国重器

孙家栋，出生于 1929 年 4 月 8 日，毕业于苏联茹科夫斯基空军工程学院，中国科学院院士，中国探月工程总设计师，被称为"卫星之父"。孙家栋长期领导中国人造卫星事业，是两弹一星功勋奖章、国家最高科学技术奖、"共和国勋章"获得者。曾被中共中央、国务院授予"改革先锋"称号，并获评"航天科技事业创新发展的重要推动者"。

> 我是经历过旧社会的人，那时什么东西前面都要带个"洋"字，洋钉洋火洋油，因为我们自己生产不了。结果几十年时间，我们国家就能发射自己的航天飞行器到月球，实在太不容易了。
>
> ——孙家栋

"喂，天宫二号吗？你的快递到了！"

2017 年 4 月 20 日，中国首个货运飞船天舟一号和空间实验室天宫二号完成对接。其时，中国网友集体化身段子手，管天舟一号叫"太空快递员"，语气又萌又傲娇。

换作从前，人们为大国重器傲娇的方式，是涌向天安门广场。比如，1970年4月25日，新华社发布了中国第一颗人造地球卫星升空的消息，"消息报出来没十分钟，天安门广场已是人山人海，等我要去天安门广场的时候，挤都挤不进去"。这个挤不进去的中年人，就是负责人造卫星总体设计工作的孙家栋。

弹指间，这个当时的中年人已是满头白发，但换来了天上的星斗璀璨。"东方红""北斗""嫦娥"……在中国自主研发的前100个航天飞行器中，有34个由孙家栋担任技术负责人、总设计师或总工程师。

探月铁三角

欧阳自远的名字，随着"嫦娥工程"而妇孺皆知。可一见面，他就爽朗地说："我不喜欢别人称我'嫦娥之父'。我不懂航天，读书时学的是地质；我搞航天，是孙家栋领进门的。"

他们的故事，从2000年开始。欧阳自远想探月，但不知道中国在技术上有没有可行性。他找到时任国防科工委副主任栾恩杰，讲了探月的构想。栾恩杰说："我给你介绍一个人，搞探月，你得把他拽进来。"

"谁啊？"

"孙家栋！你去跟他详详细细汇报。"

欧阳自远跑到了孙家栋的办公室，一谈就是两个上午。每一步构想、每一个目标，孙家栋都问得非常仔细。欧阳自远告诉记者："谈完后，孙家栋说，咱们这辈子怎么也得把这个事干成。他有这么大的决心！"

欧阳自远探月的那些科学构想，到了孙家栋手里，就分解成一个一个步骤、一个一个系统。"探月工程获得国家立项后，任命了三个人，栾恩杰是总指挥，孙家栋是总设计师，我是首席科学家，大家管我们叫'探月铁三角'。孙家栋一上来就说：'欧阳，我是给你打工的。'我说：'你胡说八道，我对航天一窍不通，我给你打工还差不多！'他就笑：'嫦娥一号能不能到达月亮，这是我的活儿，到不了，你唯我是问。但是到了月亮以后，该看什么、该拿什么，就轮到我一窍不通了。我把你的眼睛、你的手伸到月亮上去，后边一切事，归你。别看说起来简单，把嫦娥一号送到月球，需要哪些关键技术？哪些单位和个人牵头参与？阶段性目标和时间表怎么定？……事情千头万绪，他操心死了！'"

欧阳自远很快发现，孙家栋不仅航天技术过硬，对各个部门和人的情况也了如指掌，大事小事到了他这儿，都能迅速决断。

最刻骨铭心的事，当然是 2007 年 11 月 5 日。"我们最操心的不是发射，而是嫦娥一号到了月球附近后，得被月亮抓住。抓不住就飞跑了，要不就撞上月亮了，前功尽弃。以前美国和苏联失败最多的就是这一步。我们从来没有去过月球，心里真是一点底都没有。嫦娥一号发射出去，走了 13 天 14 小时 19 分钟，终于到了这个时间节点，我和孙家栋坐立不安，一直在问测控数据。最后，汇报的工作人员说：'抓住了！'我俩说，再验证一下，几点几分几秒在哪个位置抓住的。之后再校准一次，又校准一次，确认，真的抓住了！我俩抱起来痛哭。"

那一年，孙家栋 78 岁，欧阳自远 72 岁。

"我始终是老同志的尾巴"

"为什么会哭呢？"

孙家栋坐在沙发一角，一只手紧握身旁一个巨大月球仪的轴——这只月球仪是按照嫦娥一号采集的数据绘制的。他微笑着说道："我是经历过旧社会的人，那时什么东西前面都要带个'洋'字，洋钉洋火洋油，因为我们自己生产不了。结果几十年时间，我们国家就能发射自己的航天飞行器到月球，实在太不容易了。当时我就是想到了这些，那种成就感和激动的心情，让我一下子克制不住情绪。"

孙家栋在苏联学习了六年多，1958 年一回国，就被分配到国防部五院一分院导弹总体设计部，院长正是钱学森。部里设了一个总体组，负责对接和贯彻总设计师的意图，孙家栋当组长。那时国内还不兴总设计师之名，但人人都明白，钱学森就是总设计师。

这是青年学生们和大科学家的相遇。青年学生很紧张，早就听说钱学森的大名，连 "guided missile" 这个词，一会儿被译作 "飞弹"，一会儿被译作 "带引导的弹"，最后还是钱学森准确译为 "导弹"。可自己专业不对口，学飞机的，能干导弹吗？见了面，连话都不敢说。大科学家却很谦逊，对青年学生们说，你们在一线，比我强多了，你们先说说吧。这帮年轻人，有学力学的、数学的、化学的、文史的……五花八门，大科学家便当起先生，自己编教学大纲，自己讲 "导弹概论"，还邀请庄逢甘、梁守槃、朱正等人来担任讲师。

吃苦、奋斗，这些都不在话下。最难得的是，钱学森示范了怎么面对失败。有一次导弹发射失败了，分析故障原因时，孙家栋和设计组的人懊恼自责，情绪极低。钱学森见状，当即停止了对故障原因的分析："如果说有考虑不周的原因，首先是我考虑不周，责任在我，不在你们。你们只管研究怎样改进结构和试验方法，大胆工作，你们所提的建议如果成功了，功劳是大家的；如果失败了，大家一起来总结教训，责任由我来承担。"

孙家栋跟着钱学森做了近十年导弹研究。1967 年 7 月 29 日午后，正是一年中最热的光景，孙家栋趴在桌子上进行导弹设计，这时传来了敲门声，来者是一位国防科工委的同志，告诉他，钱学森已向聂荣臻推荐他负责中国第一颗人造卫星的总体设计工作。

那一年，孙家栋才 38 岁。

1999 年，在庆祝中华人民共和国成立 50 周年之际，国家为 23 位"两弹一星"元勋授予功勋奖章。孙家栋和恩师钱学森一同被授勋，但在他心中，"我始终是老同志的尾巴，是他们的学生"。

"让年轻人放心地干"

听孙家栋讲述，很少听到他说"我"，总是说"我们"。

"我们航天啊，也有日子难过的时候。"

他说的是 20 世纪八九十年代，"造导弹的不如卖茶叶蛋的"，航天院收入很低，而外企纷纷涌入，做通信的、做测量的，都跑来航天院"挖角儿"。"年轻人去了，临走跟我讲：我很热爱航天事业，搞了航天以后有很大的成就感，可是我实在寒酸，请女朋友吃几顿饭都请不起。"孙家栋听得心里难受。

如今，航天人员的待遇大有好转。孙家栋再跟刚毕业的年轻人谈话，他们说："孙老总，我们航天现在收入可以了！中等收入，但我的荣誉感非常强，这是去外企的同学比不了的。"

1994 年，北斗导航卫星工程启动，孙家栋担任总工程师。第二年，一位年轻的女工程师周建华加入"北斗"，与孙家栋初见的情形历历在目："第一次见面，是在工程总体协调会上，我小心翼翼地，他可是航天泰斗啊！但多接触几次后，我就发现不用绷着神经了。他实在平易近人，既给年轻人压担子，又给年轻人解压。在攻关的过程中，我们遇到任何困难，孙老总都会帮我们想办法。他让我们放开做，大胆想，不要有后顾之忧，出了问题他负责。"

这样的场景何其熟悉，恍如当年钱学森与孙家栋的翻版。"您觉得这是传承吗？"周建华想了一下，笃定地回答："是传承！"如今，她已是北斗二号地面运控系统总设计师。

2014年，孙家栋从待了20年的"北斗"总设计师位置上退下来。"让年轻人放心地干。"只要年轻人不找他，他就不再管"天上的事"。"你很长时间不在天上了，突然之间给年轻人提个问题，你又有个头衔，人家年轻人是同意你好，还是不同意你好？所以天上的事我不干预了，我去搞地面的事。我到处出差，跟企业家谈，告诉他们'北斗'能提供时间和空间的坐标，能办成很多事。它就像一部手机一样，只要你会玩，里面的名堂就能越来越多。"

"就说共享单车吧。这些单车有一个重要的环节，要用天上的信号给它导航。北京这几家，有的用美国GPS，有的用我们的'北斗'，这是企业的自主决定。但我每次出去，一定会告诉他们：你们还是用'北斗'好！""再进一步考虑，'北斗'可用之处很多。运危险品的汽车开到哪儿了？接送孩子的校车开到哪儿了？淘气的孩子跑到哪儿了？走失的老人走到哪儿了？如果用了'北斗'就都能帮到你。"

（文／郑心仪）

痴迷植物的"独龙江女侠"李恒：
像白菜一样自然生长

李恒（1929 年 3 月—2023 年 1 月 12 日），中国科学院昆明植物所研究员，参与编研了《中国植物志》。2013 年，她获得了国际天南星植物学会的最高荣誉奖励。

> 人活一天，便享受了一天自然和社会的馈赠，就要努力工作以回馈和感恩。
>
> ——李恒

"说好三点来，怎么让我等到现在？我 90 岁的人了，哪还有 40 分钟可以浪费？！"

即便看见记者手里捧着一大束鲜花，李恒眼里仍难掩愠怒。虽然最终接受了记者的解释，这位身形瘦小、头发花白却依旧蓬勃而有活力的老太太还不时念叨："40 分钟，整整耽误我 40 分钟……"

32 岁，从零开始学习植物学；61 岁，深入独龙江，进行首次越冬科考；73 岁，领衔开展高黎贡山生物多样性研究；90 岁后的首个"五一"国际劳动节，她微信告知记者："节日四天，我在家工作四天，天天有成果。"

在中国科学院昆明植物所，李恒是这家历史悠久的研究所的一道独特风景。近 60 年的科研生涯，她所获荣誉众多，有 14 种物种以她的名字命名。作为 17 万多份各类植物标本的采集者，李恒把自己比喻成一棵白菜："就像一棵菜一样自然生长——不忸怩、不装饰，简单地过着。"李恒说，自己一辈子没有用过胭脂和口红。

"低谷时能反弹，就是胜利"

在成为植物学家之前，李恒先后做过家乡湖南省衡阳县的乡村小学教员、县文化馆员工以及中国科学院地理所俄文翻译。而在生命的起点，她差点因祖辈重男轻女而成为弃婴。"我刚出生，已有两个孙子的祖母就将一坨棉花塞进我嘴里，母亲怜我是条生命，又悄悄掏了出来。"

世界以痛吻醒这生命，又赋予其坚韧和倔强。随大时代一道跌宕起伏，在磨难、困厄中成长的李恒愈发"有恒"。日寇侵袭衡阳，被迫辍学的她悲愤地写下诗句："飘荡啊，飘荡，可恨的秋风，为何把弱小民族杀光？"

"文化大革命"期间，被打成"牛鬼蛇神"的李恒，与昆明植物所所长吴征镒一道被关进牛棚，接受"造反派"批斗和劳动改造，"想死的心都有"。然而一有机会，她便拉着吴征镒就专业问题问这问那。别人在搞运动，她却一个人冒险泡在标本馆里，将昆明植物所 100 多万份标本几乎看了一遍，还自学了拉丁文，学会了阅读德语和法语文献。李恒的第一个"研究成果"——《黑龙潭杂草植物名录》（手写稿），就是这样产生的。

"人生总有高峰和低谷，高峰时不自大，低谷时能反弹，就是胜利！"在李恒看来，困苦未必都是苦，有得有失，才是人生。

1961 年 4 月，李恒随丈夫一同来昆明植物所报到。此前，她是一名俄文翻译。这是令人羡慕的职业，在物资匮乏的年代可以享受与外国专家同样的生活待遇。但吴征镒一见李恒，兜头泼了一盆冷水——"这里不需要俄文翻译，你需要学习植物学，学习英文。"

李恒对吴征镒的直率、坦诚没有感到惊奇和沮丧，一切归零，从头学吧。报到后的第二个星期，李恒就赴文山参加野外科考，搭乘大篷车，风雨尘土无遮拦。夜宿旅店，臭虫、虱子、尿臭味令人坐卧不宁。走路、爬山、上树要学，打背包、烧火煮饭也要学。多年之后，同事们还记得当年考察时的一个场景，因记录一个植物的名称，考察组长被李恒问得有点不耐烦，而李恒这个刚进门的"外行"竟冲着组长"挑战"："你记住，三年之后，专业我一定会赶上你，而外语你却超不过我！"

不久，人们就领教了李恒的要强、较真儿。"有人说她喜欢抬杠，其实时间一长，大家发现她不是为争论而争论，而是从交锋中吸收、学习对方有益的想法。"李恒的学生杨永平说。

不盲从权威确是李恒一以贯之的原则。当年面对苏联专家，"即便我只是个翻译，对于他们一些不符合中国国情的观点和议论，我也毫不客气地和他们争"！说起这段往事，李恒脸上露出了孩子般的笑容。

"考察没有做完，决不能半途而废"

在李恒获得的所有称号中，"独龙江女侠"是她最喜欢的一个，其中蕴含着她与"西南最后秘境"的一段生死情缘。1990 年 10 月，61 岁的李恒带着 3 名助手和 64 匹马驮载的辎重向滇西北的独龙江进发。行前，她的老伴儿卧病在床，女儿正忙着出国。

"为啥要进行独龙江越冬考察？因为独龙江是植物学上一个神奇的地方，许多类群一翻过高黎贡山就变了。以往受条件所限，对独龙江植物考察均集中在 7 月至 11 月，几乎没有人在冬季涉足过独龙江。这里的奥秘没有揭开，我觉得有责任去闯闯这个'鬼门关'。"

为了此次考察，李恒精心准备了两年，筹集了在独龙江生活一年的物资，甚至准备了在当地播种的菜籽。

王立松与李恒相识多年，是少有的敢顶撞她又没挨过骂的同事。说起当年与李恒野外科考的经历，王立松可没客气："大家都不愿意和李恒一道出去，为啥？在山上劳累了一天，到傍晚，大伙儿都按点儿到山下集合，候车回宿营地。她每次都是最晚下山的那一个，害得大家都得等着她。"

科考开始不久，李恒就染上了疟疾，天天高烧，病势十分危重。当地政府曾考虑用直升机将她转运出来，后来独龙族乡亲将李恒抬到边防部队诊所，用上李恒自带的青霉素，打了多日吊针才闯过"鬼门关"。

女儿在电话里苦劝李恒回来，她回答："要死就死在这里，回去免谈，我的考察没有做完，决不能半途而废！"患病期间，李恒用录音机录下工作安排、科考进展、对家人的嘱托……她说万一走不出峡谷就当是遗言。

八个月的考察成果是丰硕的。李恒和队员们采集了 7075 号植物标本，宣告发现植物新种 80 多种；经过系统整理和分析考察资料后，他们首次提出了"掸邦－马来亚板块位移对独龙江植物区系的生物效应"学说。独龙江考察成果获得中国科学院自然科学一等奖，也由此奠定了李恒的学术地位。

令周围人没想到的是，独龙江考察对李恒来说仅是个起点。为了彻底揭开独龙江的植物学之谜，她将目标锁定在独龙江所属的高黎贡山的广大区域。73 岁时，李恒再次出发，并申请了国家自然科学基金委、美国自然科学基金会等单位的资助。之后十年间，她组织美国、澳大利亚、德国、英国以及国内专家对高黎贡山生物多样性进行了 18 次科考，经常与上百人的队伍一起探险。

2007 年，高黎贡山考察结束，共采集植物标本 24 万余份。此后数年，李恒每天整理标本、登记和录入，每天工作十多个小时，基本未在深夜两点前入睡过。经过多年整理，这些考察成果汇聚成《高黎贡山植物资源和区系地理》一书。

"活着就要努力工作以回馈和感恩"

在李恒的相片簿里，保存着一张老照片，记录的是一群独龙族孩子采来野花、送给工作中的她的情景。独龙江不仅让李恒经历了生死，也让常年生活在象牙塔里的她收获了淳朴和真情。在独龙江生病的一个月里，李恒的住处时常放着乡亲们送来的鸡蛋和母鸡。

"这是人性最美的表露。当时我就想，一定要活着，好好工作，否则对不起这些可敬可亲的乡亲。"后来，每当忆及当时的情景，李恒都禁不住老泪纵横。

在同事和学生们看来，虽然历经坎坷，李恒一直抱有科研造福国家、造福民生的知识分子情怀。从独龙江、高黎贡山回来后，这种愿望就更为迫切了。

2013 年 7 月，李恒又一次重返贡山。下车伊始，一位怒族女干部就飞奔过来，含泪紧紧抱住她。"我是靠李奶奶资助才读完高中的，但直到参加工作时，才知道资助人是她。"已是贡山县农业局副局长的张文香对记者说。当年，李恒将独龙江科考所获的四万元奖金全部捐赠给"春蕾计划"，资助像张文香一样失学的女童。

重楼是一种名贵中药材，目前市场价每公斤上千元，种植重楼是山区农民脱贫致富的重要渠道。从 20 世纪 80 年代开始，李恒就主持重楼的综合研究，她写的《重楼属植物》是重楼研究权威著作。后来，李恒不顾年老体弱，和团队跑遍了秦岭以南主要重楼产区，考察当地重楼资源，举办多期重楼种植技术培训班，指导当地农民解决重楼品种混淆的困扰，推广人工授粉技术——所有这些，李恒将其视为应尽的社会责任，不取任何报酬。

蓝色工装上衣和挎包是李恒长久的"标配"，后来又多了一个绣花手机套，挂在脖子上。"找她咨询重楼的人实在太多，母亲有时连骚扰电话都接，生怕漏接耽误事。"李恒的儿子王群路说。

有一次，怒江当地的重楼因品种市场认知度不高，被视为假货，面临销售困境。情急之下，乡亲们向李恒求助。在李恒的帮助下，有关部门对当地重楼作出了权威的品质鉴定，当地还申请了四项专利，很快稳住了销路。

即便到生命的晚期，李恒仍不追求养生之道，也没进行特别的锻炼，更不信所谓偏方。"人活一天，便享受了一天自然和社会的馈赠，就要努力工作以回馈和感恩。"李恒说，这是人的本性，自己一辈子都没有偏离。

（文／张帆）

"魔稻祖师"袁隆平：

禾下乘凉梦

袁隆平（1930年9月7日—2021年5月22日），中国杂交水稻育种专家，被称为中国"杂交水稻之父"。1996年主持培育农业部"超级杂交水稻培育计划"，2015年超级稻第四期实现亩产1000公斤，创造世界产量最高纪录。2019年9月，获得"共和国勋章"。

> 夺取高产、更高产是永恒的主题，没有一个底线。
>
> ——袁隆平

50多年前，袁隆平发表了自己的第一篇长论文《水稻的雄性不孕性》，揭开了中国杂交水稻研究的序幕。2016年9月21日，他出席在邵阳举办的关于这篇论文50周年座谈会时说："这是一篇救了我的论文。""文化大革命"期间，他因为这篇论文受到国家科学技术委员会（后来的科学技术部）关注，科委九局局长赵石英力保他进行杂交水稻研究。

之后，聂荣臻、华国锋对杂交水稻大力支持，袁隆平成为20世纪七八十年代最有影响力的"种田人"——中国一半以上的农田都种上了杂交稻种。一度流传：两个"平"让中国人吃上了饭，一是邓小平，二是袁隆平。

曾经，袁隆平是个只出现在教科书中的名字，但这些年，他却有了"网红"的潜质：逛车展只买国产车，网友们纷纷点赞"仇富不仇袁隆平"；采访时一句"号召愿意为科学献身的年轻人试吃转基因水稻"引发轩然大波，所有人盯着这位大咖表明态度；隆平高科、超级稻、亿万身家，这些关键词让他数度处在舆论中心。

争议从何而来？他艰苦卓绝的研究为曾经被饥饿困扰的国家带来希望，国家的鼎力支持为他带来了盛名，持久不退的盛名也为他带来了争议。

那么，真实的袁隆平是怎样的？他对我们说："我日日下田，而已。"

他的神坛下，是无数人的拭目以待；他的眼睛里，却只有秧苗摇曳的一亩田。

《请别再向超级稻泼脏水》

第一次见袁隆平是在 2016 年 6 月，长沙的空气中弥漫着湿热。我们在芙蓉区中国杂交水稻博物馆门口等他，一辆黑色小轿车缓缓驶来。86 岁的袁隆平神采奕奕地走来，步伐稳健。他刚做过眼睛手术，特意戴了一副墨镜，见到我们就打趣说道："像不像个黑老大？"

他的时间是以分钟计算的。平时在附近县市开会，他从不在外面喝水吃东西，中午一定回长沙吃饭、休息。有客人拜访，秘书帮他安排，说占用多久就只能多久。他秘书的办公室就是个"VIP 候车室"，要见他的人都得先在这里等候：有电视台的记者，有科研人员，有谈合作事项的人……在许多人眼里，袁隆平是位"神"。

慢慢地，袁隆平的听力下降得越发明显，虽是老毛病，但也让他有所担忧。80 岁后，他越来越注重养生，从前一天抽一包烟，后来已完全戒掉。他对我们说："保养身体，是为了每天下田。"只要在水稻生长期，他必定每天亲自下田观察。

他是亲切的，朴实的一面无人不知。年轻时就不爱打扮，每次相亲都被拒，理由皆是"太不打扮自己了"。他说："在一起，看的是人又不是衣服。"后来单位给他配了车，但他偏喜欢骑电动车上班，说这样环保。他也是"霸道"的，在研究中心事必躬亲，三万元以上的开支都要由他签字，做到了严以用权、严以律己。

他身上有科学家的固执，也有历史亲历者的豁达。对待外界的争议，他尽量选择消化于田间。他说他满脑子就一件事："90岁以前实现超级稻每公顷18吨产量。"2016年是他主持的"超级杂交水稻培育计划"20周年，超级稻第四期已经实现每公顷16吨（每亩1067公斤）的产量，创造了世界水稻产量的纪录。

其他的争议他不予理会，但关于超级稻，他绝不退让。2014年秋天，安徽蚌埠等地的近万亩"两优0293"（超级稻品种）出现大面积的绝收或减产。一时间，对超级稻的质疑甚嚣尘上，"超级稻稻种严重过剩""超级稻口味品质不佳"等话题在网上流传。

舆论纷乱，袁隆平出面反驳。2014年10月，他在《环球时报》上发表题为《请别再向超级稻泼脏水》的文章，从历史发展、现实数据的角度对网友的质疑一一进行驳斥，承认有问题，但也绝不是一些"居心叵测"之人描述的那样，文章不卑不亢。结尾处他写道："超级稻研究事关国家荣誉和粮食安全，无论遇到什么困难，我绝不会退缩。"

本性里，他愿意安之若命，20世纪60年代刚做杂交水稻时被人揶揄理论不对，"文化大革命"期间甚至遭遇秧苗全部被毁，都鲜少与人争论，觉得"做好研究才最重要"；但现实是，他不得不出来反驳，因为袁隆平早已经不是独属于个人的袁隆平了，他的身后是一个巨大的产业，是这个国家农业的定海神针。隆平高科旗下密密麻麻的组织结构，从育种科研到育种公司，从经销商到肥料公司，都有赖于"袁隆平"三个字，全中国数以亿斤计算的杂交稻种都可能因为他的一句话无法被播种。

他最早明白这个道理是在 1992 年。那一年，农业部主办的某报纸上刊登了一次座谈会的报道。会上，一些权威人士大肆斥责杂交水稻，称其为"三不稻"，即"米不养人，糠不养猪，草不养牛"。他的同事、学生都让他声明反驳，他说："没事，会解决的。"他心想，事实胜于雄辩。几个月后，江西省副省长舒惠国来访，直截了当地问他报纸报道是否属实，舒惠国对他说："那些言论让群众产生了困惑，许多人在考虑要不要种植杂交水稻。我要给老百姓一个交代。"

这是袁隆平第一次意识到，自己的研究已经超出了个人荣辱毁誉的范畴。不久，他在《人民日报》发表文章称"杂交水稻既能高产又能优质"，才算稳定了国人对杂交水稻的信心。

2000 年，隆平高科要上市，想要使用袁隆平的名字。他没同意，后来多位国家级领导劝说，加上他考虑到隆平高科成立后，杂交水稻研究可以不再需要外国人投资，就同意了。隆平高科许诺每年提供 200 万元的科研经费，以及由姓名使用权换算而来的 5% 股本。许多人说袁隆平卖掉股份就能轻松拿到上亿元，他说："我一分钱都不能卖，我一卖，隆平高科就垮掉了。人家会想，隆平高科是不是有什么问题了？"他的名字，就是金字招牌。

隆平高科成立不久，袁隆平辞去了董事的职务，埋首新一轮超级稻的研究，他说："我就是个'过路财神'。"

"我就是还想争取新的东西"

袁隆平出生于 1930 年的北平，那时正是战乱年代。"隆"字辈，于是被起名"隆平"。父亲是国民政府铁路局官员，他从小便与父母、兄弟颠沛流离：北平、江西、湖南、重庆。1953年从西南农学院毕业后，他被分配到湖南安江农校做老师。他没有政治身份，家庭历史又"成分"不佳，偏居乡下小城，多的是土地，少的是机遇。

1956年，党中央号召向科学进军，国务院组织制定全国科学发展规划。袁隆平意识到这是让自己发挥长处的机会，他带领学生科研小组做试验，希望能研究出一种高产的作物。当时苏联生物学家米丘林、李森科的"无性杂交"学说在中国流行，袁隆平就尝试无性嫁接，最后均以失败告终。无性杂交不能改变植物的遗传性。

1960年全国大饥荒，填肚子只能用双蒸法（米饭蒸两次，看起来更多）。袁隆平曾在路边、桥底、田埂上看见五具饿死的尸体，走出校门就是狼藉一片。湖南农民对他说"施肥不如勤换种"，他就开始用孟德尔、摩尔根的遗传学研究育种，最后在茫茫稻田中发现了一株天然杂交水稻，从此开始了长达半个多世纪的杂交水稻研究。

整个20世纪60年代，他经历过"文化大革命"的动荡、海南的烈日、云南的地震，在经费短缺的情况下不断实验，寻找最佳的雄蕊败育野生稻。1970年，他的助手李必湖在沼泽里发现了一株完美的雄性不育野稻，40岁的袁隆平惊喜地发现这就是他寻找十年之久的目标，并为它起名"野败"。

野生败育的稻子成了成功的先锋。野败成为杂交稻的第一个母本，从此杂交水稻登上了中国农业舞台的中心。到今天，那一株幸运之稻，已经演化为覆盖全国农田近60%的后代。

野败之后，时任湖南省委第一书记的华国锋在1970年的湖南省农业科技大会上将袁隆平请上主席台，他说："一些人囿于认识的局限和世俗的眼光，对袁隆平这样一个安江农校的普通教员及其杂交水稻研究，还抱有种种成见，袁隆平面临着仅仅靠他们自身努力根本无法克服的困难。"

1973 年，袁隆平成功培育了几万株野败；1975 年，升任国务院副总理的华国锋，提出在南方 13 个省推广种植杂交水稻的决定；第二年，多事之秋的中国在粮食上却迎来了丰收——这一年全国试种 208 万亩杂交水稻，增产幅度在 20% 以上。跨入 20 世纪 80 年代，杂交水稻迎来了最辉煌的十年，袁隆平在 1981 年菲律宾召开的国际水稻研究科研会议上，被誉为"杂交水稻之父"。

1996 年，在成功突破"两系法"后，袁隆平主动请缨立项"超级杂交稻"，四年后，他的稻种已经能在每亩土地上收获 700 公斤的粮食，轰动世界。2006 年，在袁隆平提出超级稻后的第十年，联合国停止对华粮食援助，标志着中国 26 年粮食受捐赠历史画上了句号。

"失败那么多次，消耗那么多时间，究竟是什么支撑你？"我们问道。

他说："讲大道理的话，就是为人民服务。但我觉得还有一方面是我的好胜心，有一个内在的动力，我就是还想争取新的东西。"

这便是科学家的本心，他们天然对获得答案有着强烈渴望。为了这种渴望，袁隆平错过了母亲的弥留之际，错过了儿子的成长，20 世纪 70 年代里唯一一次请假还是妻子突发病毒性脑炎的时候。一连十天在医院照顾妻子，那是他在中年时代与妻子最长的一次独处：在病床前为她念诗、唱歌、讲故事……等妻子醒来，他又继续踏上了前往田野的路。

科学家、富豪，袁隆平对这些称呼都不太满意，他喜欢说自己是"种田人"。为了那亩田，他其实愿意放弃很多东西。20 世纪 80 年代他最负盛名时，湖南省组织部请他出任省农业科学院院长，正厅级。他拒绝说："我不适合，当院长，意味着我要离开杂交水稻的研究岗位。"

他说："我们一生有很多东西需要坚守，如果浮躁了，就难以看清事物的本来面目；有些事情，我们也要勇于放弃，必要的放弃，是另一种意义上的坚守。"

依然执着

　　"我有两个梦，一个是'禾下乘凉'梦，是我真实做过的梦，我看到田里的水稻产量很高，有高粱那么高，穗子有扫帚那么长，粒有花生米那么大，人可以到稻穗下乘凉。第二个梦叫'杂交水稻覆盖全球'梦，如果全世界有一半的稻田种上了杂交稻，以每公顷增产两吨来算，每年可增产 1.5 亿吨的粮食，会多养活 4 亿到 5 亿人口。为了这两个梦，我们正在攻关超级稻第五期，夺取高产、更高产是永恒的主题，没有一个底线。"

　　加入"90 后"阵营的袁隆平依然走在追梦的稻田里。湖南杂交水稻研究中心研究员辛业芸对我们说："袁老的特点是没有休止。"辛业芸记得，超级杂交水稻第一期攻关时，有记者来采访袁隆平："袁院士，什么时候是个头儿啊？"他答："超级杂交稻实现了，我就心满意足了。"2000 年第一期攻关目标实现，亩产达 700 公斤，记者再问，他答："实现了超级杂交稻第二期目标，我就心满意足了。"没想到，2004 年就实现了第二期目标，亩产达到 800 公斤，比国家计划提早了一年。后来，袁隆平也不好意思再这样回答记者了。

　　"就像跳高一样，到后面每升高一点点都很难。我们到第三期的时候实际上花了七年时间，亩产 900 公斤的目标 2011 年才达到。但之后，他似乎又摸清了规律，找到了技巧，后面的进度好像又快了，第四期、第五期……"辛业芸说，超级杂交稻的亩产数字像是马拉松里程数，袁隆平"是不会停止的"。

　　2019 年 9 月初，他出席湖南农业大学开学典礼，在致辞中告诫广大农业学子"要躬行实践、厚积薄发，除了学习书本知识，也要多到田间走走"；9 月中旬，获得"共和国勋章"的消息传来时，他正在试验田里查看第三代杂交水稻生长情况，12 亩试验田当时处于对花时期，是关键阶段；10 月，在兴安盟大米产业发展论坛上，他又高兴地告诉大家，实现了超级杂交稻亩产 1000 公斤的目标，正在向 1200 公斤冲刺。

超级杂交稻亩产 1000 公斤的目标，正是十年前八十大寿时，袁隆平给自己定下的 90 岁生日礼物。那是 2010 年 9 月 7 日，第一届中国杂交水稻大会在长沙举行，袁隆平在生日当天作主题报告时提道："到我 90 岁的时候，我要实现亩产 1000 公斤。"那一年，他感慨道，世界一些国家和地区仍然存在粮食危机，保障粮食安全的警钟必须时时敲响；他希望杂交水稻技术能为全世界的粮食安全作出新贡献。

湖南的老农们视袁隆平为身边懂科学的大家长——这里的每一个区县都有袁隆平的杂交水稻高产试验田，有的是百亩高产示范片，有的是千亩高产试验田，有的甚至是万亩推广片。在水稻的生长期和收割期，当地农民冷不丁就会在田间地头看见袁隆平，黝黑，瘦小，背有点弓，太阳大时还会戴上村民人手一顶的大草帽。如果不刻意分辨，你分不清谁是袁隆平，谁是村民。

他早就融进了这片田、这些人里面。

他的出现，就是丰产的希望。

（文 / 余驰疆、李志鹏、张丹丹、王媛媛）

歼-8 总设计师顾诵芬：
生命不息，上班不止

顾诵芬，1930 年出生，江苏苏州人，1951 年毕业于上海交通大学航空工程系。飞机空气动力学家，中国科学院院士、中国工程院院士，先后担任歼-8、歼-8 Ⅱ 飞机总设计师。2021 年 11 月获得 2020 年度国家最高科学技术奖。2022 年 3 月 3 日被评为 "感动中国 2021 年度人物"。

> 有时间应该多学点东西。
>
> ——顾诵芬

88 岁时的顾诵芬是一名"上班族"。

几乎每个工作日的早晨，他都会按时出现在中国航空工业集团科技委的办公楼里。从住处到办公区，不到 500 米的距离，他要花十来分钟才能走完。

自 1986 年起，顾诵芬就在这栋二层小楼里办公。他始终保持着几个"戒不掉"的习惯：早上进办公室前，一定要走到楼道尽头把廊灯关掉；用完电脑后，他要拿一个蓝色布罩盖上防尘；各种发言稿从不打印，而是亲手在稿纸上修改誊写；审阅资料和文件时，有想法随时用铅笔在空白处批注……

这是长年从事飞机设计工作养成的习惯，也透露出顾诵芬骨子里的认真与严谨。1956年起，他先后参与、主持我国第一款自主设计的喷气式飞机歼教-1、初教-6、歼-8和歼-8Ⅱ等机型的设计研发；1985年，歼-8入选首届国家科技进步特等奖，顾诵芬在获奖名单上位列第一；1991年，顾诵芬当选中国科学院院士，1994当选中国工程院第一批院士，成为我国航空领域唯一的两院院士。

战机一代一代更迭，老一辈航空人的热情却丝毫未减。2016年6月，首批大型运输机运-20交付部队；2017年5月，大型客机C919首飞成功；2018年10月，水陆两栖飞机AG600完成水上首飞，向正式投产迈出重要一步。这些国产大飞机能够从构想变为现实，同样和顾诵芬分不开。

我们在中国航空工业集团见到顾诵芬院士时，他年近九十，头顶的白发有些稀疏，与人交流需要借助助听器。尽管岁月的痕迹深深显露，但一提到和飞机有关的问题，顾诵芬依然思维敏捷。他胸前的口袋里插着一支黑色水笔，仍是一副工程师模样。

相隔5米观察歼-8飞行

顾诵芬办公室的书柜上，5架飞机模型摆放得整齐划一。最右边的一架歼-8Ⅱ型战机，总设计师正是他。作为一款综合性能强劲、具备全天候作战能力的二代机，至今仍有部分歼-8Ⅱ在部队服役。而它的前身，是我国自主设计的第一款高空高速战机——歼-8。

20世纪60年代初，我国的主力机型是从苏联引进生产的歼-7。当时用它来打美军U-2侦察机，受航程、爬升速度等性能所限，打了几次都没有成功。面对领空被侵犯的威胁，中国迫切需要一种"爬得快、留空时间长、看得远"的战机，歼 -8 的设计构想由此提上日程。

1964 年，歼 -8 设计方案落定，顾诵芬等人向贺龙元帅汇报新机情况，贺龙听完乐得胡子都翘了起来，说："就是要走中国自己的路，搞自己的东西。"贺老总不忘鼓励大家："飞机上天，党、军队和人民都会感激你们的。"

带着这份沉甸甸的重托，顾诵芬和同事们投入飞机的设计研发中。1969 年 7 月 5 日，歼 -8 顺利完成首飞。但没过多久，问题就来了。在跨声速飞行试验中，歼 -8 出现强烈的抖振现象。用飞行员的话说，就好比一辆破公共汽车开到了不平坦的马路上，"人的身体实在受不了"。为了找出问题在哪里，顾诵芬想到一个办法——把毛线条粘在机身上，观察飞机在空中的气流扰动情况。

由于缺少高清的摄影设备，要看清楚毛线条只有一种办法，就是坐在另一架飞机上近距离观察，且两架飞机必须等速飞行，保持 10 米左右的距离。顾诵芬决定亲自上天观察。作为没有经过特殊训练的非飞行人员，他在空中承受着常人难以忍受的过载，用望远镜仔细观察，终于发现问题出在后机身。飞机上天以后，这片区域的毛线条全部被气流撕掉。顾诵芬记录下后机身的流线谱，提出采用局部整流包皮修形的方法，并亲自做了修形设计，与技术人员一起改装。飞机再次试飞时，跨声速抖振的问题果然消失了。

直到问题解决后，顾诵芬也没有把上天的事情告诉妻子江泽菲，因为妻子的姐夫、同为飞机总设计师的黄志千就是在空难中离世的。那件事后，他们立下一个约定——不再乘坐飞机。并非不信任飞机的安全性，而是无法再承受失去亲人的痛苦。回想起这次冒险，顾诵芬仍记得试飞员鹿鸣东说过的一句话："我们这样的人，生死的问题早已解决了。"

1979 年底，歼 -8 正式定型。庆功宴上，喝酒都用的是大碗。从不沾酒的顾诵芬也拿起碗痛饮，这是他在飞机设计生涯中唯一一次喝得酩酊大醉。那一晚，顾诵芬喝吐了，但他笑得很开心。

伴一架航模"起飞"

顾诵芬从小就是个爱笑的人。如果留心观察，你会发现他在所有照片上都是一张笑脸。保存下来的黑白照片中，童年的一张最为有趣：他叉着双腿坐在地上，面前摆满了玩具模型，汽车、火车、坦克应有尽有，镜头前的顾诵芬笑得很开心。

在他 10 岁生日那天，教物理的叔叔送来一架航模作为礼物。顾诵芬高兴坏了，拿着到处飞。但这件航模制作比较简单，撞过几次就没办法正常飞行了。父亲看到儿子很喜欢，就带他去上海的外国航模店买了架质量更好的，"那是一架舱身型飞机，从柜台上放飞，可以在商店里绕一圈再回来"。玩得多了，新航模也有损坏，顾诵芬便尝试着自己修理。没钱买胶水，他找来废弃的电影胶片，用丙酮溶解后充当黏合剂；碰上结构受损，他用火柴棒代替轻木重新加固。"看到自己修好的航模飞起来，心情是特别舒畅的。"

酷爱航模的顾诵芬似乎与家庭环境有些违和。他出生在一个书香世家，父亲顾廷龙毕业于燕京大学研究院国文系，是著名的国学大师，不仅擅长书法，在古籍版本目录学和现代中国图书馆事业上也有不小的贡献。顾诵芬的母亲潘承圭出身于苏州的名门望族，是当时为数不多的知识女性。顾诵芬出生后，家人特意从西晋诗人陆机的名句"咏世德之骏烈，诵先人之清芬"中取了"诵芬"二字为他起名。虽说家庭重文，但父亲并未干涉儿子对理工科的喜爱，顾诵芬的动手能力也在玩耍中得到锻炼。《顾廷龙年谱》中记录着这样一个故事：一日大雨过后，路上积水成河，顾诵芬"以乌贼骨制为小艇放玩，邻人皆叹赏"。

当时中国正值战乱，叶景葵、张元济两位爱国实业家为将流散的典籍集中保存，决定成立私立合众图书馆，力邀原居北平的顾廷龙来上海主持馆务。年仅九岁的顾诵芬就这样跟着父亲来到上海。父辈为民族事业忘我地工作，顾诵芬亦耳濡目染。当时书库上下两层有近百扇窗户，每遇雷雨大风天，顾诵芬就跑到图书馆帮忙关窗。空闲时间，父亲还教他如何为图书编索引。到了晚上，他们就住在图书馆一楼东侧，可以说，顾诵芬就是在图书馆里长大的。

"为了搞航空把我母亲给牺牲了"

"七七"事变爆发时，顾廷龙正在燕京大学任职。1937 年 7 月 28 日，日军轰炸国民党军 29 军营地，年幼的顾诵芬目睹轰炸机从头顶飞过，"连投下的炸弹都看得一清二楚，玻璃窗被冲击波震得粉碎"。从那天起，他立志要保卫中国的蓝天，将来不再受外国侵略。

考大学时，顾诵芬参加了浙江大学、清华大学和上海交通大学的入学考试，报考的专业全都是航空系，结果三所学校全部录取他。因母亲舍不得他远离，顾诵芬最终选择留在上海。

1949 年初，胡适在赴美之前特意到合众图书馆里认真看了几天书。胡适与顾廷龙全家吃午饭时，曾询问顾诵芬在大学学的是什么专业，顾诵芬答"航空工程"，胡适听后表示："这是实科，不像现在报上写文章的那些专家都是空头的。"

1951 年 8 月，顾诵芬大学毕业。上级组织决定，这一年的航空系毕业生要全部分配到中央新组建的航空工业系统。接到这条通知时，顾诵芬的父母和上海交通大学航空系主任曹鹤荪都舍不得放他走。但最终，顾诵芬还是踏上了北上的火车。到达北京后，他被分配到位于沈阳的航空工业局。

真正工作了，顾诵芬才意识到校园与社会的差距，很多理论、技术他在学校压根儿没学过，只能自己摸索。他开始四处搜集与飞机设计有关的书籍资料，连晚上洗脚也抱着书看。没过多久，航空工业局由沈阳迁往北京。一回到首都，顾诵芬最大的乐事就是在周末和节假日逛书店。天一亮，他就在兜里揣上 5 元钱，跑到王府井南口的外文书店或八面槽的影印书店。看到航空技术相关的书，他就买回去仔细研究。有段时间因项目需要，他还曾去北京航空航天大学的图书馆查资料。白天学生太多，他只能晚上去。那时候没有路灯，顾诵芬向同事借来自行车，摸黑骑了一周后总算把问题搞懂。还车的时候他才发现，自行车的前叉已经裂开，没出事故真是万幸。

一心扑在工作上，顾诵芬没能顾得上家庭。他离开上海后，母亲就陷入"夜不能寐，日间一闲即哭泣"的状态。自 1939 年长子顾诵诗因病早亡，潘承圭就把全部希望寄托在小儿子顾诵芬身上。爱子工作在外而不得见，终致她思念成疾患上抑郁症，于 1967 年不幸离世。这成了顾诵芬一生无法弥补的痛，提到母亲，顾诵芬忍不住叹息："为了搞航空把我母亲给牺牲了……"

"告诉设计人员，要他们做无名英雄"

新中国成立后，苏联专家曾指导中国人制造飞机，但同时，他们的原则也很明确：不教中国人设计飞机。中国虽有飞机工厂，实质上只是苏联原厂的复制厂，无权在设计上进行任何改动，更不必说设计一款新机型。

每次向苏联提订货需求时，顾诵芬都会要求对方提供设计飞机要用到的《设计员指南》《强度规范》等资料。苏联方面从不回应，但顾诵芬坚持索要。那时候的他已经意识到："仿制而不自行设计，就等于命根子在人家手里，我们没有任何主动权。"

顾诵芬的想法与上层的决策部署不谋而合。1956 年 8 月，航空工业局下发《关于成立飞机、发动机设计室的命令》。这一年国庆节后，26 岁的顾诵芬从北京调回沈阳。新成立的飞机设计室接到的第一项任务，是设计一架喷气式教练机歼教 -1。顾诵芬被安排在气动组担任组长，还没上手，他就备感压力。上学时学的是螺旋桨飞机，他对喷气式飞机的设计没有任何概念。除此之外，设计要求平直机翼飞到 0.8 马赫，这在当时也是一个难题。设计室没有条件请专家来指导，顾诵芬只能不断自学，慢慢摸索。

本专业的难题还没解决，新的难题又找上门来。做试验需要用到一种鼓风机，当时市场上买不到，组织上便安排顾诵芬设计一台。顾诵芬从没接触过，但也只能硬着头皮上。通过参考外国资料书，他硬是完成了这项任务。在一次试验中，设计室需要一排很细的管子用作梳状测压探头，这样的设备国内没有生产，只能自己设计。怎么办呢？顾诵芬与年轻同事想出一个法子：用针头改造。于是连续几天晚上，他都和同事跑到医院去捡废针头，拿回设计室将针头焊上铜管，再用白铁皮包起来，就这样做成了符合要求的梳状排管。

1958 年 7 月 26 日，歼教 -1 在沈阳飞机厂机场首飞成功。时任军事科学院院长的叶剑英为首飞仪式剪彩。考虑到当时的国际环境，首飞成功的消息没有公开，只发了一条内部消息。周恩来总理知道后托人带话："告诉这架飞机的设计人员，要他们做无名英雄。"

不愿被称作"歼 -8 之父"

在同事黄德森眼中，年轻时的顾诵芬"举止斯文、作风谦和，虽说是极少数的八级工程师，但毫无架子"。当时年龄小的新同事也都叫顾诵芬

"小顾"，可见他与大家关系之亲密。

而在生活方面，顾诵芬却是出了名的"不讲究"。任沈阳飞机设计研究所所长期间，有职工向他反映食堂饭菜做得不好，顾诵芬特意做了调研，看完回了一句："还不错嘛！"对方很是无奈："你自己吃得简单，看到食堂有热的饭菜，当然觉得很满意了。"在吃饭这件事上，顾诵芬的确只是为了填饱肚子，他甚至不建议技术人员买菜做饭，"像我一样买点罐头、吃点面包多省事，有时间应该多学点东西"，为此他还受到不少职工的批评。后来人们才意识到，"苛刻"的背后是着急，看到国家航空工业落后于欧美，顾诵芬实在不愿浪费时间和精力。不光是自己，对于家庭他同样"不讲究"。

1983 年，距离第一台国产彩电诞生已经过去 13 年，顾诵芬家里依旧是一台 9 英寸的黑白电视机。这种朴素一直延续到后来。2018 年春节前夕，王沪宁代表党中央在北京看望科技专家，顾诵芬是其中之一。从新闻照片中可以看到，他家客厅里摆的是一套枣红色的老式橱柜，沙发上罩了一个白布缝的罩子，家庭装饰仍保持着 20 世纪的风格……

纯粹、淡泊，是顾诵芬进入航空工业系统后一直保持的两种品格。对于物质生活，他几乎提不起欲望，对于名利也长期保持冷淡。一直以来，顾诵芬不愿别人称他为"歼 -8 之父"，原因之一是觉得自己并非一开始就担任总设计师。谈及歼 -8 的设计定型，他总要提到前任总设计师。原因之二是他从未把总设计师视为最重要的人，"这是一个团队的劳动成果，从设计师到试飞员，以及厂里的技术人员和工人师傅，每一个人都为飞机献过力"。

几十年过去，曾经的"小顾"已经成为中国航空工业的一代大师。2011 年，为了纪念顾诵芬工作满 60 周年，中航工业集团特意为他颁发了终身成就奖，奖品是一块定制的金镶玉奖牌。几年后，有关部门需要对奖牌和证书拍照留存。工作人员找上门来，顾诵芬却说"不记得放哪儿了"。对于荣誉，他从不放在心上。

退而不休，力推国产大飞机建设

在中国的商用飞机市场，波音、空客等飞机制造商占据极大份额，国产大型飞机却迟迟未发展起来。看到这种情况，顾诵芬也一直在思考。但当时各方专家为一个问题争执不下：国产大飞机应该先造军机还是先造民机？

2001年，71岁的顾诵芬亲自上阵，带领课题组走访空军，又赴上海、西安等地调研。在实地考察后，他认为军用运输机有70%的技术可以和民航客机通用，建议统筹协调两种机型的研制。各部门论证时，顾诵芬受到一些人的批评："我们讨论的是大型客机，你怎么又提到大型运输机呢？"甚至有人不愿意顾诵芬参加会议，理由是他有观点。顾诵芬没有放弃，一次次讨论甚至是争论后，他的观点占了上风。2007年2月，温家宝主持召开国务院常务会议，批准了大型飞机项目，决策中吸收了顾诵芬所提建议的核心内容。

2012年底，顾诵芬参加了运-20的试飞评审，那时他已经显现出直肠癌的症状，回来后就确诊接受了手术。考虑到身体状况，首飞仪式他没能参加。但行业内的人都清楚，飞机能够上天，顾诵芬功不可没。

尽管不再参与新机型的研制，顾诵芬仍关注着航空领域，每天总要上网看看最新的航空动态。有学生请教问题，他随口就能举出国内外相近的案例。提到哪篇新发表的期刊文章，他连页码也能记得八九不离十。一些重要的外文资料，他甚至会翻译好提供给学生阅读。除了给年轻人一些指导，顾诵芬还组织编写一套涉及航空装备未来发展方向的丛书。全书共计100多万字，各企业院所近200人参与。每稿完毕，作为主编的顾诵芬必亲自审阅修改。

顾诵芬一直保持着严谨细致的作风。记者采访他时，他已近鲐背之年，记者与工作人员交谈的间隙，他特意从二楼走下来，并递来一本往期的杂志。在一篇报道隐形战机设计师李天的文章中，他用铅笔在空白处批注得密密麻麻："这些重点你们不能落下……"

（文／祖一飞）

"90后"肿瘤专家汤钊猷：

一心报国，不惑之年再出发

汤钊猷，1930年出生于广州新会，肿瘤外科学家。1954年从上海第一医学院毕业，获学士学位。现任复旦大学（中山医院）肝癌研究所所长。曾任上海医科大学校长，国际抗癌联盟理事，中国工程院医药卫生学部主任，中国抗癌协会肝癌专业委员会主委。

> 延续他人生命，这正是我工作的全部意义所在。
>
> ——汤钊猷

目前，世界每年新发现恶性肿瘤病人约635万例，其中肝癌占26万例。在26万例肝癌中，42.5%发生在中国。作为全球肝癌高发区，中国每年约有20万人死于肝癌，占全球肝癌死亡人数的一半。

有着"癌中之王"之称的肝癌，曾是死刑般的存在，患者多在三个月内死亡。20世纪60年代末，一位年近不惑的医生毅然决然地踏入这一领域，在他的努力下，肝癌患者五年生存率由此前的3%跃升到60%以上，在人类抗击肝癌史上创下"世界奇迹"，蜚声海内外。这位医生就是我国著名肿瘤专家、中国工程院院士汤钊猷。

《控癌战,而非抗癌战》出版时,汤钊猷即将 88 岁,他在书中阐述了自己对于癌症的新见解:"癌症不同于传染病,后者由内外失衡导致,前者是正常细胞变化而来,所以不能像以前一样,完全采取消灭方针,而应该消灭与改造并举。"

2017 年 11 月 22 日,记者在复旦大学附属中山医院见到汤老时,他正在电脑前修改研究生提交的论文,桌子上用来写字的纸张,另一面已经被打印使用过。偌大的办公室里没有挂钟和石英钟,只有电脑旁一个手掌大小的简易塑料闹钟,这是十几年前的旧款了。而他携带了几十年的笔记本也早已破旧泛黄,上面密密麻麻的钢笔字,字迹新旧交织。身为上海肝癌研究所所长的汤钊猷,生活里处处透着节俭之风,与此形成反差的,是他"挥霍无度"地将半个世纪的生命投放在攻克肝癌诊治的难题里。

此时的汤钊猷西装革履,和蔼而不失庄重,端着一杯热咖啡,戴上助听器,在上海冬日的阳光下,回忆起自己一路走来的酸甜苦辣。

知道什么叫"落后挨打"

我在医学上所取得的进步,可以追溯到我的童年。正面用过的纸,翻过来再用,我们那个年代的人都这样,太穷了。抗战全面爆发时我刚刚七岁,父亲带着一家七口迁到澳门避难。我小学时穿的鞋子,脚趾是露在外面的,中饭通常是一个小山芋,出门前用报纸包好放在裤兜里;如果是吃饭,就自己用油灯煮。那时候,有两件事令我印象深刻,一是每天早晨上学路上,经过澳门镜湖医院的后门,总有几车饿死的尸体运走,骨瘦如柴,远看就像一堆柴板;二是葡萄牙小孩也敢欺负中国大人。什么叫"落后挨打"? 这就是,国力衰弱,就得不到别人的尊重。

抗战胜利后，父亲带着我们乘轮船转到上海。那天的外滩，天灰蒙蒙的，一眼望去，马路上有两个字最大，一是酱油店的"酱"，二是当铺的"当"，正是旧中国经济落后、民不聊生的写照。后来内战爆发，我父亲失业了，他曾是一个留美学生，现在却沦落到摆摊卖豆为生。上中学时，我和哥哥开始做肥皂赚钱养家，去十里堡买点牛油和碱，放在桶里用棍子搅拌就好了。那时候雄心大志，给肥皂起了个名字，叫"巨人牌"肥皂。刚开始生意好得不行，不多久人家陆续找上门来，原来肥皂碱性太重，把衣服洗坏了，我们只好歇业。但那么多肥皂舍不得丢，就自己用来洗洗手洗洗碗，用了二十几年。那段时间我还给一家外汇公司打过杂，白天送合同，一上午要在外滩走上六七个来回，下午做账，晚上用打字机打下来；星期天替老板收房租，挨骂是常事。

这些经历很艰难，但也教会了我一生受用的道理：什么都来之不易。我身体瘦弱，吃苦却让我意志变得坚定；从小受欺负，让我懂得发愤图强；没有任何条件，明白什么都要自力更生、努力创造。现在回头想想，更能体会到国家强大有多么重要。

新中国成立后，我才得以报考大学。选择上海第一医学院（即现在的复旦大学上海医学院）是我父亲的意思，他觉得我太老实，只有做医生救治病人、多做好事，才会远离一些不必要的纷扰，也不枉国家提供了和平稳定的条件。为了让我安心读书，哥哥挑起了家里的重担。我深感读大学来之不易，于是暗自下决心要做一名好医生。这一转眼，60 年就过去了。

问邓小平游泳多长时间

我最初是一名血管外科医生，20 世纪 60 年代末，周总理号召医疗界为攻克癌症而努力，作为新中国培养的医生，理应响应国家号召，于是我年近 40 放弃了血管外科研究，转而投身抗癌事业。那时候，医学界对肝癌有个六字评语："走进去，抬出来。"100 个患者里只有三个能存活五年，病房里每天都有人死去。记得有个晚上，五分钟内就有两个肝癌患者死去，我用一部推车推了两具尸体。要知道，他们生前都是敬业工作的好同志啊！可是患了肝癌，我们只能眼睁睁看着他们死去，无能为力。这件事对我的冲击很大。我和同事都在思想上产生了极大矛盾，没有人愿意在肝癌病房里工作。劳累是次要的，关键是所有的努力都是徒劳的，仍然无法挽救生命。但也正是这一点促使我下决心终身抗癌，因为这件事总要有人去做。

那时，我们确诊的肝癌患者大多都是晚期，来不及救治，于是我想试着早发现早诊治。恰好苏联科学家发现甲胎蛋白与肝癌有关，为了研究它们的关系，我去江苏启东肝癌高发地区做了调研，发现在某种情况下，甲胎蛋白升高到一定程度的人，后来多数能被证实为肝癌患者。但此时无法诊断出肝癌症状，要对患者进行手术就变得很困难，因为可能开刀后什么都看不到。我们说服疑似病患进行手术时，当地的卫生院会在医院的后门停一辆车，以免疑似病患的家属闹事，让我们从后门"逃走"。

这是创新所带来的必然风险，好在经过大量研究后，证明这个办法可以在病人出现症状前的 6—12 个月诊断出肝癌，此时的癌细胞只有枣子大小，切除后的五年生存率能够超过 60%，改变了过去"肝癌是不治之症"的传统观念。很荣幸的是，这个研究成果在 1979 年获得了美国癌症研究所"早诊早治"金牌奖，并获得 1985 年的国家科技进步奖一等奖，我也由此提出"亚临床肝癌"学说。

讲到美国的这枚奖牌，我记起了一件事。在颁发这枚奖牌的前一年，阿根廷举办了四年一次的第十二届国际癌症大会，这是世界上最大的癌症大会。我作为中国代表团的十人之一，飞行 34 小时，从北半球到南半球，从东半球到西半球，经历了季节和昼夜的颠倒，却没想到，我的论文竟被安排在最后一天的下午，而且只能讲五分钟。由此可见，当时我国的肝癌研究在国际上的地位。听完别国专家的发言后，我发现他们并没有新东西，我又想把肝癌的研究成果介绍出去，于是不得不请求主动参与讨论，他们却以为我是日本人。

不过，这个"挤进去"的讨论收到了意想不到的效果，我发言完毕，在座的几名权威科学家纷纷邀请我一同进餐，并提议吃中国菜。我心想糟糕了，既然是吃中国菜，我又是中国人，就得我点菜，我点菜就得我付账。但那次出国，我们每人只有20美元补助，于是我赶紧找团长借了一些，最后给这些科学家每人点了一碗馄饨，他们也吃得津津有味。这件事让我深深体会到，我们国家要想让人看得起，就要有人家没有的东西，招待得好不好人家不在乎。面子不重要，重要的是里子。三年后，我受邀成为国际肝癌会议的主席团成员，第一次坐到了最高层次国际学术会议的主席台上。

也是因为在肝癌方面做了些许工作，1987年，我有幸以"为四化建设做出重大贡献的科学家"的身份，受到了邓小平的亲切接见，14个人里面，医学界只有我一个。邓小平给我们说了三句话："国家感谢你们，党感谢你们，人民感谢你们。"合影时，我站在邓小平的右边，他的左边站着一位研究原子能的科学家，我心里想，小肝癌怎么能跟原子能相比呢？

吃饭的时候有一个小插曲，时任军委副主席杨尚昆就坐在我旁边。我看他精神矍铄，保养得很好，就问他是怎么做到的，他说夏天游泳，每次一个钟头，冬天便爬山。我夸他厉害，老当益壮，他笑着说："小平比我厉害，他游两个钟头。"我问邓小平，听说您每次游泳都是一个钟头，他马上说"不止不止"，可见两个钟头应该是准确的。

我们国家的领导人都爱游泳，说明游泳对身体确有助益。

虽说受到国家领导人的接见是非常荣幸的事，但作为医生，我觉得最重要的不是荣誉，而是看到自己的病人病情有所好转。有一次，我去昆明开会，发现一位 102 岁的老人，竟然是 42 年前在我这儿做过肝癌手术的人，我太开心了，延续他人生命，这正是我工作的全部意义所在。后来，我收到一位东莞病人寄给我的一盒月饼，他术后有 12 年了，身体还很不错。

这些成果，不是我一个人的功劳，中国经过这几十年的发展，医疗水平提高了很多，这也是支撑我们做研究的很好的保障。过去"走进去，抬出来"的情况已经改变了，变成了现在的"走进去，走出来"，我想，情况会越来越好的。

少用手机有利于防癌

记者：您预计癌症的治疗水平在未来的多少年内能够再上一个台阶，有无根治的可能？

汤钊猷：世界上没有任何东西是绝对的，都是相对的，这次感冒治好了下次还是会感冒，只能说控制在适当范围内。癌症也是，不可能根治，但可以控制在适当范围内。控癌不是解决一两个问题就可以的，而是系统工程，比如空气污染和食品问题不解决的话，一样不行。百年以后控癌技术或许会有大的飞跃。

记者：大家需要避免对癌症的什么误解？

汤钊猷：不要寄希望于科学家突然研发出什么灵丹妙药。美国之前声称发明了一种药物，折合人民币要 300 万元，打一针就能治好癌症，结果有 60% 的癌症患者病情复发了。况且这么贵的药，很少有家庭用得起。还是要防微杜渐，多发挥主观能动性。

记者：分享一下您自己的抗癌心得吧。

汤钊猷：身体方面多运动，肯定没错。美国最近一项研究表明，各种原因的死亡率，不运动的最高。跑步后的死亡率很低，游泳后的死亡率最低。我推荐游泳，适当游泳会提高多巴胺，它有助于抗癌、调节免疫功能。对于不会游泳的人，我建议多买菜，挑挑拣拣、蹲下站立，总比傻乎乎地走路要好。精神方面要心胸开阔，多用脑子。饮食方面多吃蔬菜。

记者：有哪些需要注意的事项？

汤钊猷：戒烟戒酒是重中之重。其次，现在的中青年人要注意休息，不要劳累过度，要少熬夜。另外，现在手机功能多了，很多人手机不离手。我多年前写的《现代肿瘤学》里，脑瘤还未在十大肿瘤之列，现在已经成为第九大肿瘤了。手机还是会有辐射的，不要老把手机放在耳边、头附近。

（汤钊猷/口述　龚新叶/采访整理）

歼 -10 总设计师宋文骢:
要把我们的飞机造得更好

宋文骢(1930年3月26日—2016年3月22日),云南昆明人。中国工程院院士,歼-10战斗机总设计师,中航工业成都飞机设计研究所首席专家、自然科学研究员,被誉为中国"歼-10之父"。

> 有不同意见的同志,都是为了早一天把飞机造出来,都是为了把我们的飞机造得更好——当然,总师承担的责任不一样,有时候没采纳大家的意见,或是否定了大家的意见也很正常。
>
> ——宋文骢

青骥奋蹄向云端,老马信步小众山

"五十载春秋风华,他默默耕耘,呕心沥血;二十年丹心铸剑,他不畏艰难,开拓创新。'宋文骢'这三个字,终将与歼-10战机一起,闪耀在中国航空工业腾飞的光辉史册上!"歼-10战机总设计师、中国工程院院士宋文骢当选"感动中国"2009年度人物前,这是推选委员会委员的推介词。

在同事和熟人眼里，宋文骢志存高远，却又严谨务实；他严厉刚毅，却又和蔼可亲。他的人生，跌宕起伏，极富传奇色彩。

2016 年 3 月 22 日，在歼 -10 战机 18 岁生日前一天，86 岁的宋文骢与世长辞。

为歼 -10 立下 "军令状"

共事 31 年，宋文骢的继任者、歼 -20 总设计师杨伟和宋文骢的关系很亲近。"在官方场合，我还是叫他宋总，他叫我杨总，但是私下，他一般叫我名字，我叫他老头儿。"当记者在北京三元桥附近一所公寓内见到杨伟时，他正与成都飞机设计研究所的同事商量宋老的后事，看起来有些疲惫。落座后，杨伟向记者讲述了他与老头儿相识的点滴。

"宋老是一名经历战火洗礼的设计师。"抗美援朝时，年仅 21 岁的宋文骢成为一名志愿军战士，目睹了我军战机作战时性能欠佳的情况，在战场领会到"飞机设计与作战使用相结合"的重要性。

24 岁时，宋文骢考入哈尔滨军事工程学院，成为空军工程系飞机、发动机专业学员。

"老头儿大学三年级时，就参与了'东风'113 项目。"宋文骢在老师的带领下来到沈阳 112 厂设计室，担任当时我国自行研发的最先进战斗机"东风"113 项目总体设计组组长。对他来说，整个"东风"113 研制过程使他更实际地学习了航空知识，提高了专业水平。

20 世纪 60 年代初，国家财政吃紧，新型号战机项目很难"上马"。但宋文骢认为，新型号的研制势在必行。此后，他带领团队完成了歼 -7C 战机的研发。

1984 年，歼 -10 战机确定初步设计方案。两年后，宋文骢被任命为歼 -10

总设计师。当时，不少人认为直接购买法国的幻影 2000 或者苏 27 更好，省钱省时省力。但宋文骢坚持，要研发属于中国自己的飞机。为证明能完成歼 -10 任务，宋文骢和同事立下一纸"军令状"，义无反顾地踏上歼 -10 研发之路。

杨伟告诉记者，歼 -10 是我国军机研制史上第一个由我国自行设计研制的第三代先进战斗机，突破了多项航空关键技术，达到世界先进水平战术技术要求。"没有原准机可供参考，采用了大量新技术、新结构、新系统、新工艺，设计制造难度大、协调关系十分复杂。"经过六七年的前期研发，1990 年，终于完成全尺寸金属样机的设计。

1994 年 6 月，宋文骢组织歼 -10 团队利用综合软件系统进行设计、计算，经过九个月的日夜拼搏，完成强度计算报告。当年底，歼 -10 原型机生产图设计工作全部完成。

又过了三年，首架歼 -10 飞机原型机横空出世，等待它的是更严峻的挑战——首飞。

歼 -10 的首飞时间，定在 1998 年 3 月 23 日。

飞机平稳落地的那一刻，宋文骢激动不已。"我从没见他哭过，但那一刻他哽咽了，他毕生的精力化为了战斗力。"杨伟告诉记者，首飞成功没有即时对外公开，庆功宴后，研发团队的年轻人把已经回家的宋文骢拉到成都郊区的一个饭馆，再次畅饮庆祝。

"那时候他已经 68 岁了，但他很开心，喝了不少酒。"杨伟说，"老头儿一时兴起，还唱了一段俄文歌。"宋文骢高兴地对年轻人说，他出生于 3 月 26 日，歼 10 首飞成功是 3 月 23 日，"以后，我的生日就是这天了"！

"都是为了把飞机造得更好"

"我为型号做贡献，型号培养我成长"，"祖国不会忘记为祖国做过贡献的人"，这是宋文骢在主持歼 -10 项目时提出的口号，后来，很多型号研制时都把这两句话写成标语挂在厂房里。

作为歼 -10 总设计师，宋文骢创造了一种精神，锻炼了一支队伍。许多骨干人员都是在歼 -10 研制过程中锻炼出来的。其中，就包括杨伟。

杨伟 22 岁研究生毕业后，进入中航工业成都飞机设计研究所。

"那时候的条件远没有现在好"，杨伟回忆，当时研究所在一栋两层木楼里，"那是老航校的旧址，总师们的办公室在二楼。一进去，整张桌子上铺的都是图纸。"杨伟读研期间接触过其他飞机设计研究所的总设计师，至少是一人一间办公室，但在成都飞机设计研究所，宋文骢和其他几位副总设计师挤在一间大办公室里。踏上这栋小木楼，杨伟毛遂自荐，要做宋文骢的助手。

"他当时愣了愣。"一个还没正式报到的新入所研究生，在 1000 多人的研究所里直接向宋文骢"要"工作，还从来没有碰到过。令杨伟意外的是，宋文骢和气地打量着他，表示欢迎后，就把他安排到新成立的研究室。

"那天老头儿告诉我，国家需要一个强大的空军，要我好好加油干。"杨伟说。工作表现出色的杨伟深得宋文骢喜爱。后来，宋文骢每到一个单位，都向单位领导介绍："这是杨伟，将来是要接我的班的。"

"我和宋总差 33 岁，由我接任总师，无论在中国还是世界上都是很少见的，这是历史，也是我的机缘。"杨伟说，"没有宋总就没有我的今天。1990 年我已经申请出国了，也拿到了护照，就差办签证了。后来老头儿说'别走了'，就把我留了下来。实际上，背后不止这三个字，他是交给了我新任务和新挑战。"

1998 年，杨伟担任成都飞机设计研究所副所长、副总设计师，兼任飞控系统总设计师，开始主持歼 -10 的设计优化、排故攻关和设计定型等一线研制工作。在歼 -10 的研制现场，一旦出现技术上的问题，宋文骢和杨伟常发生激烈争论，其他研发人员则静静地等着两人作出最终决策。

宋文骢对工作中的争议毫不在意："大家都是为了工作嘛。有不同意见的同志，都是为了早一天把飞机造出来，都是为了把我们的飞机造得更好——当然，总师承担的责任不一样，有时候没采纳大家的意见，或是否定了大家的意见也很正常。在工作中我和同志们有过分歧，但从来没和谁产生过隔阂呀！"

"他在工作上，是绝对精益求精，要求严格。"杨伟对记者回忆起当年的一件小事。"我当副总师的时候，老头儿跟我说了一句严厉的话：'你当干部了，但以后你还应该坚持自己写技术报告。'"到现在，杨伟每份技术报告都亲力亲为。"飞机的试验报告我要写，主要的计算我得去算，不能天天听汇报。当总师，首先你自己要搞专业。宋总对我是这种要求，我也一直对我的副总师是这种要求。"

"这一生充实又满足"

2003 年，宋文骢当选为中国工程院院士。从 2004 年起，他不再担任总设计师，转而成为中航工业成都所首席专家。

"院士没有退休一说，所以他的工作一直在持续。"杨伟告诉记者，每周一次的总师会是所里的习惯，所里的总师、副总师以及相关的负责人需要将一周的工作进度汇总决策。

"以前老头儿坐中间，我坐在他旁边，后来我当总师，每周都会邀请他来所里开会，请老头儿坐在我旁边。"只要宋文骢身体好，总师会一次不落。"我当总师后，他发言少了，但每次发言都非常中肯、非常谦虚。"直到后来宋文骢因为身体欠佳，再也没来参加总师会。杨伟颇为惋惜："他这两年也有身体不好的时候，参加总师会也间断过，没想到他再也不能来了。"

宋文骢几乎从不接受媒体的采访。在歼－10解密前，他的家人也不知道他的工作是什么。弟弟到他家看望他，他绝口不谈自己的职业。后来弟弟见他书柜中有几本赤脚医生的书，回去后对家人说，大哥现在可能已经改行当医生了。

宋文骢的标配是自行车。他常开玩笑说："骑自行车预防老年痴呆。"同事们每天在所里，都可以看见他骑着自行车上下班。下班后的他还会去菜市场转一圈，自行车后座放着刚买的新鲜蔬菜。后来年岁大了，骑车又不安全，70多岁的人又玩起了汽车。

杨伟和这个"很爱生活的老头儿"是楼上楼下的邻居。"他买菜可是要挑的。像我们平时买菜，拿一把就走，但他不行。他把柴米油盐酱醋茶当成一种乐趣。"

生活中的宋文骢爱好十分广泛。唱歌、跳舞、网球都是他的专长。他还酷爱游泳，年过八旬，依然是研究所里老年晨泳队的队员，经常参加所里的游泳比赛。

人上了年纪多半不肯接受新事物，但宋文骢"智能手机、iPad都玩得很溜，对新事物总是很感兴趣"。80多岁的宋文骢，在杨伟眼里是个老顽童。杨伟笑言，童心未泯的老头儿还会一时兴起站在马路牙子上弯腰摸地面。"他还和年轻人比赛，比谁喝酒快，老头儿手里的啤酒抖都没抖就喝完了。有时候喝高了，还踢翻过路边的花盆。"宋文骢常对杨伟等人说，他"这一生充实又满足"。

"我们没让歼－10停在宋总的时代。这些年，我们把歼－10的成果发展成了一个强大的集群，老头儿肯定是高兴的。歼－10系列是中国的一张名片。"杨伟说。

（文／姜琨、张建魁）

棱角屠呦呦:

非常诺奖之路

屠呦呦,1930 年 12 月 30 日出生于浙江宁波,毕业于北京医学院,中国中医科学院首席科学家,"共和国勋章"获得者,首位华人诺贝尔生理学或医学奖获奖者。屠呦呦多年从事中药和中西药结合研究,创制出新型抗疟药青蒿素和双氢青蒿素,挽救了全球特别是发展中国家数百万人的生命,被认为是 20 世纪热带医学的显著突破。

> 我是搞研究的,只想老老实实做学问,把自己的事情做好,把课题做好,没有心思也没有时间想别的。
>
> ——屠呦呦

她不是海归,是本土学者;不是院士,是纯粹的科学家;并非完人,而是低调的"直人"。

科学研究冷静理性,科学家却各有各的性情。人们更愿意用诗意的方式来描述女科学家和青蒿素的相遇:青蒿一握,痴迷一生。

痴迷科学、执着不休,这固然是屠呦呦的性情之一,但她还有更多对立面：她不是海归，只是本土的、中国式的学者；不是院士，只是一个纯粹的科学家；不是完人，只是一个耿直的知识女性。

"呦呦鹿鸣，食野之蒿"

屠呦呦的故乡在浙江宁波。她是一个殷实之家的掌上明珠。早在1930年12月30日，当父亲以《诗经》中"呦呦鹿鸣，食野之蒿"为其取名时，便已注定了屠呦呦与青蒿的缘分。

当我们追寻屠呦呦的成长足迹来到宁波，这座城市传统人文景点不少，有现存最早的私家藏书楼天一阁，有宁波府城隍庙……如今，又多了屠呦呦的旧居。

屠呦呦的旧居位于宁波市开明街26号，建于民国初年，为屠呦呦舅舅姚庆三（经济学家，曾任香港甬港联谊会会长）所有。据《鄞县志》记载，开明街在宋元明清四朝，均是宁波人的活动中心，不少大户人家都选择在此砌起白墙黛瓦。其中不乏当时便已名声在外的"宁波帮"，他们主要经营的行业是药材业和成衣业。说屠呦呦自幼熟悉中药，并非夸张。

屠呦呦在三个哥哥之后出生，是家中唯一的女孩，因此备受宠爱。她的父亲是一名银行职员，但工作并不稳定，靠出租祖辈遗留的房产作为主要经济来源。父亲很重视教育，20世纪30年代末，屠呦呦到了该读书的年纪，虽逢时局动荡，依然接受了完整的教育。她五岁入幼儿园，其后进入"翰香学堂"读小学。"翰香学堂"建于1906年，内设藏书楼一座，古今藏书达5000余卷，是名副其实的"书香校园"，蔡元培、马寅初等著名学者和社会名流先后来校讲学，当时宁波便有"小学翰香，中学效实"的说法。

屠家楼顶有个摆满各类古典医书的小阁间，这里是屠呦呦童年时的阅览室：《黄帝内经》《神农本草经》《伤寒杂病论》《千金方》《四部医典》《本草纲目》《温热论》《临证指南医案》……虽然因识字不多且读得磕磕绊绊，但这里是她医学梦想萌发的温床。

1945 年，屠呦呦入读宁波私立甬江女中初中。次年一场灾难降临，她不幸染上肺结核，被迫暂停了学业。那时得此病，能活下来实属不易，经过两年多的治疗调理，她得以好转并继续学业。也就在这时，屠呦呦对医学产生了浓厚的兴趣。

屠呦呦获得诺贝尔生理学或医学奖后，宁波的两所中学——效实中学和宁波中学一下子热了起来，因为屠呦呦的高中生涯是在这两所学校度过的。她在效实中学读了高一、高二，后来转学去了宁波中学读高三。

我们在两所中学了解到，读书时的屠呦呦"长相清秀，戴眼镜，梳麻花辫"；读中学时，她"成绩在中上游，并不拔尖"。效实中学至今还保留着屠呦呦高中的学籍册和成绩单，她当时的学号是 A342。据学校一位老师说，当时屠呦呦的学习成绩不是非常突出，成绩单上有 90 多分的，也有 60 多分的。但屠呦呦那时就有个特点，只要她喜欢的事情，就会坚持下去，努力去做。

1951 年春，屠呦呦从宁波中学毕业，考入北京医学院，选择了一个在当时比较冷门的专业——生物药学。她觉得这个专业可以接近具有悠久历史的中医药领域，又符合自己的志趣和理想。北京大学医学部医学史专家张大庆告诉我们，大学期间，屠呦呦学习非常勤奋，在大课上表现优异，后来在实习期间跟从生药学家楼之岑学习，在专业课程中，她对植物化学、本草学和植物分类学有着极大的兴趣。1955 年，屠呦呦大学毕业，被分配到卫生部直属的中医研究院（现中医科学院）工作。

当时正值中医研究院初创期，条件艰苦，设备奇缺，实验室连基本通风设施都没有，"研究人员就戴个棉纱口罩，连如今的雾霾都防不了，更别提各种有毒物质了"。中医科学院中药研究所副所长朱晓新告诉我们。一开始，屠呦呦从事的是中药生药和炮制研究。在实验室工作之外，她还常常"一头汗两腿泥"地去野外采集样本，先后解决了中药半边莲及银柴胡的品种混乱问题；结合历代古籍和各省经验，完成《中药炮炙经验集成》的主要编著工作。

1965 年，屠呦呦转而从事植物化学研究，这成为她能参加"523"任务的原因之一，也促使了她与自己生命中最重要的"神草"相遇。

军工项目中的年轻人

1965 年，在发动针对越共的"特种战争"四年后，美国终于坐不住了，开始直接派美军前往越南参战。在越南的热带丛林中，交战双方饱受疟疾折磨，装备落后的越共军队更是苦不堪言。北京大学医学部医学史专家张大庆告诉我们："当时越南共产党向中国求援，希望中国帮助他们研制抗疟药物。为了支援越南，也为了消除中国南方存在的疟疾疫情，毛泽东和周恩来亲自指示，以军工项目的名义紧急启动抗疟新药的研发。这意味着，研制新型抗疟药不再是单纯的科研工作，更是一项政治任务。"1967 年 5 月 23 日，国家科委和解放军总后勤部等部门召开了"疟疾防治药物研究工作协作会议"，制订了研究计划。"为了保密，就以'523'作为任务的代名词。"

一年多过去了，"523"任务进展并不顺利。"医学研究作为高端的科学研究，需要专业的精英人才。但是在'文化大革命'期间，许多医药领域的专家都被打倒了，正蹲在牛棚里。"张大庆说。在这种情况下，"523"任务四处寻找年轻的研究人员加入。

1969 年初，"523"任务的负责人来到中医研究院，希望能得到科研支持，39岁的屠呦呦也参加了会谈。中医研究院在接受任务后，很快成立了课题组。"屠呦呦当时很年轻，在单位属于第二代科研人员，但科研能力受到广泛认可。"与屠呦呦共事多年的中医科学院首席研究员姜廷良告诉我们。

但正式进入军工项目"523"任务之前，屠呦呦遇到了些许波折。政审时，有人提出屠呦呦亲戚中有海外关系，不能参与机密项目。好在屠呦呦大学毕业后不久就在防治血吸虫病的研究上取得成果，还曾被评为"社会主义建设积极分子"，于是负责的领导以此为证，批准屠呦呦加入了项目，还担任了课题组组长。"有人叫屠先生'三无科学家'，调侃她没有国外留学经历。在那个时代，她要真留过学的话，也就进不了这个项目了。"张大庆说。

20世纪五六十年代，引起疟疾的疟原虫已经对原有的药物产生了抗药性，导致原有药物效果不佳，因此屠呦呦的主要任务是寻找新药。姜廷良对我们说："接受任务后，屠呦呦整理历代医药书籍，请教老中医专家，还仔细查阅了各地群众的献方。在此基础上她精编了包含640个方药的《抗疟方药集》。"后来，屠呦呦被派往海南疟区工作了一段时间。在疟区的临床试验中，她发现研究人员之前关注的胡椒并不能根治疟疾。

古籍中的灵感

这时，屠呦呦开始整理先前的研究思路：历代医学典籍中经常提到青蒿能有效治疗疟疾，为什么在试验中效果不佳？"从1969年1月开始，我们的研发工作经历了380多次试验、190多个样品。其实我们很早就注意到了青蒿提取物的作用，但后续的实验结果显示，青蒿提取物对鼠疟原虫的抑制率只有12%—40%。我们分析，抑制率上不去的原因可能是提取物中的有效成分浓度太低。"屠呦呦对我们说。

屠呦呦沉下心来，重新翻看一本本中医古籍。当她读到东晋医药学家葛洪所著的《肘后备急方》时，其中的一句话引起了她的注意——青蒿一握，水一升渍，绞取汁，尽服之。屠呦呦回忆道："当时我就想，这书里说的为什么和中药常用的煎熬法不同？原来里面用的是青蒿汁。后来顺着这个思路，改在较低温度下提取。"

早先，屠呦呦用过乙醇等物质做实验，没有成功。后来，改用乙醚冷浸法进行，效果有了明显提升，这证明低温提取是保证青蒿提取物效果的关键所在。1971 年 10 月，在第 191 次试验中，屠呦呦发现提取物对疟原虫实现了 100% 的抑制。

在外行人看来，改用乙醚提取这微小的一步就是关键，似乎青蒿素的发现也没有想象中难。事实远非如此。当换了一批青蒿时，实验效果又出现了反复。屠呦呦回忆："不同品种的青蒿效果并不相同，而且只有青蒿叶子里才有青蒿素。因此只有找对了青蒿品种，选准了采收季节，才能从叶子里提取出青蒿素。取得这些进展，也是经历了很长的研究过程。"当时的科研条件非常艰苦，很多药厂都停产了，提纯熬制设备紧缺，屠呦呦等人只有采用土办法，把大量青蒿叶收集起来，用乙醚泡，再回收乙醚。屠呦呦的先生李廷钊至今记得，她当时回家总是一身酒精味。

1972 年，屠呦呦在抗疟药研究内部会议上报告了她的研究成果。后来，屠呦呦和她的同事们将其命名为青蒿素。著名医学家、诺贝尔奖得主戈尔斯坦曾说："发现和发明是生物医学进步的两条不同路径。"青蒿素诞生，屠呦呦完成了发现，下一步便要着手发明，也就是将青蒿素用于临床试验，转化为治疗疟疾的有效药物。

临床试验首先要制备大量的青蒿素。屠呦呦买来盛水大缸当提取锅使用，所有工作人员都要三班倒，周末也不休息。中医科学院中药研究所副所长朱晓新向我们讲述了当时的情形："由于每天要接触大量乙醚，乙醚又会对身体多个系统产生损伤。当时的实验室防护很差，再加上通风条件不好，屠老师一天工作下来时常头昏脑涨，还因此得了中毒性肝炎。"

新的问题又出现了。在个别动物的病理切片中，提取物出现了疑似的毒副作用。有人认为还必须对提取物反复试验，确保无毒后才能上临床。屠呦呦于是要求自己试药，并且后果自负。朱晓新说："当时任务紧急，屠老师希望快速验证青蒿素是否有效。再加上疟疾是季节性疾病，错过发病季节，研究就得耽误一年。这么做虽然也是无奈的选择，但她的科学献身精神是毋庸置疑的。"

获得领导同意后，屠呦呦和课题组的另外两位同事一同在自己身上做起了试验，最终三人都无大碍。今天提及此事，屠呦呦的先生李廷钊很平静："人家抗美援朝还志愿牺牲呢，吃药算什么！"

"青蒿素临床试验的第一种药剂是片剂，病人服用后出现了不适反应，这让屠呦呦有些失望。后来他们发现失败原因是片剂分解有问题，影响了药物的吸收，就转而采用青蒿素原粉直接装胶囊的形式，最终取得了满意的效果。"姜廷良说。1973 年，屠呦呦在评估青蒿素的衍生化合物时，发现了更加稳定、有效的双氢青蒿素。

1977 年，我国以"青蒿素结构研究协作小组"的名义在学术性刊物《科学通报》上首次发表了青蒿素的化学结构。第二年，"523"任务的科研成果鉴定会最终认定：青蒿素的研制成功，"是我国科技工作者集体的荣誉，六家发明单位各有各的发明创造……"在这个长达数页的结论中，只字未提发现者是谁。

在那个特殊的年代，一项科研成果很少会署上个人的名字，科学家个人的努力被淹没在巨大的集体之下。这给日后的青蒿素之争埋下了隐患。

落选院士

"在做青蒿素研究的时候，屠呦呦真可以称得上是坚韧不拔。"中医科学院首席研究员姜廷良告诉我们。"没有待过实验室的人不会明白，成百上千次反复的尝试有多么枯燥、寂寞，没有非凡的毅力，不可能战胜那些失败的恐惧和迷茫，不可能获得真正的成果。"朱晓新说。

85岁时的屠呦呦已经看不了电脑，听力和视力情况不佳，但仍活跃在科研和教学工作中，是中国中医科学院中药研究所终身研究员兼首席研究员，并担任青蒿素研究开发中心主任。"很多媒体追问她在发现青蒿素后，是否从事其他项目，事实上屠老师自担任青蒿素研究开发中心主任后，一直带领团队在做一些青蒿素的专项研究，因为疟疾在中国并不是传播广泛的疾病，所以他们也会做相关适应症的拓展研究，试图扩大青蒿素在我国的应用领域。"一位研究人员告诉记者。

由于没有博士学位、留洋背景和院士头衔，屠呦呦曾被媒体报道为"三无科学家"。她曾四次申报院士，但都没有成功。外界普遍认为，这与青蒿素的发现多年来被强调是集体成果有关。"任何一个发现青蒿素的人想评院士，就会遭到参与项目的其他人反对。所以与青蒿素有关的科研人员都没有评上院士。"一位知情人士透露。早在屠呦呦获得科技部科技进步奖二等奖时，就有人专门到科技部投诉，认为屠呦呦"将成绩独占"，还加上了一条"罪名"，在引用别人论文的时候只写前三个人，后面用"等"代替了，认为"这明显是抹杀他人的劳动成果"。

"好在屠呦呦秉性坚强，对院士评选一事并无多言。近年修改的院士评选规则规定，年龄超过70岁的只能参加一次评选，她现在早超过70岁了，不会再参评。她虽然不是院士，但是作为一个纯粹的科学家，她终其一生都奉献给了青蒿素事业。"知情人士说。

"她是一位有个性的科学家"

屠呦呦的老同事李连达院士曾对媒体称，屠呦呦"不善交际"，"比较直率，讲真话，不会拍马，比如在会议上，或者个别谈话，她赞同的意见，马上肯定；不赞同的话，就直言相谏，不管对方是老朋友还是领导"。姜廷良也告诉我们："她这个人比较认真，也直爽，心里怎么想的嘴上就会怎么说，为此也造成了大家对她的一些误会。比如说在青蒿素的研究中，对双氢青蒿素的评估，大家有一些不同意见，一般人会顾及人情和面子，表达得比较婉转，但她就会直接说：'你说得不对。'"

"其实很多科学家都是这样，认准一件事就会特别坚持，不会轻易地改变自己的想法。"张大庆认为，屠呦呦是一位很有个性的科学家，这种耿直的性格也形成了她不啰唆、做事果断的风格。"我们之间的沟通往往非常简单直接，有事说事，说完就了。"张大庆说。"她的耿直在工作上表现为极度的认真，有时候我问她一个数据，结果她第二天打电话给我，说她总算查到了原始出处，这才告诉我具体数据。"姜廷良说。

在生活中，她被同事们评价为"为人低调，而且是长期低调"。宁波市科技系统曾经拿到一张屠呦呦的名片，上面的内容很简单：单位、姓名、职务、单位地址和电话。整张名片还有大片的空白。"每次效实中学在北京召开校友会，屠教授跟先生一起来，签到、开会、聊天、聚餐，她从来没有发过言，活动结束后，又与先生一起默默地走了。"效实中学北京校友会的会长陶瑜瑾告诉我们："只有在谈到科研工作的时候，她才会滔滔不绝，恨不得跟你说一下午，但说到其他话题，她就很少发表看法。"

令陶瑜瑾印象深刻的是屠呦呦曾对他说过的一番话："我是搞研究的，只想老老实实做学问，把自己的事情做好，把课题做好，没有心思也没有时间想别的。我这把年纪了，身体又不太好，从来没有想过去国外，更没想到要得什么奖。"陶瑜瑾记得，那是在 2011 年，屠呦呦获得拉斯克奖的那天晚上，一位工程院院士给陶瑜瑾发了一封电子邮件报告喜讯，他立刻给屠呦呦打电话道喜。但是屠呦呦很平静，诚恳地表达了谢意，并说了上述这番话。

2012 年，效实中学举行百年校庆。陶瑜瑾劝屠呦呦回母校参加校庆，但屠呦呦身体不太好，陶瑜瑾便建议她寄本专著给校长以示心意。"她说，我也不认识校长，就寄给学校办公室吧，第二天她就去邮局寄出了那本《青蒿及青蒿素类药物》。"还有一次，陶瑜瑾向屠呦呦提议复印拉斯克奖以及其他奖项的奖状给学校，屠呦呦一口拒绝了。"她当时说，我跟单位说好了，这些奖状是我个人的也是公家的，不给任何其他单位复印，单位支持我的决定。"陶瑜瑾说。

获得诺贝尔奖后，屠呦呦家中挤满了赶来采访的媒体和赶来祝贺的领导。"家乡领导也想来看望屠呦呦，但是说了两次都被她拒绝了。最终因为家乡人的关系，屠呦呦见了他们一面，谈了 20 分钟。看得出她身体不好，十分疲倦，但还是坚持把家乡的客人送到电梯口。有人说，她是不是拿了诺贝尔奖就瞧不起人了？家乡人来了还三番五次拒绝？其实不是的。她一向直爽，我们以前想去看她，她都直接问，我们在电话里多说一会儿不行吗？这种性格，理解她的人自会理解。"陶瑜瑾说。

有一个美满家庭

屠呦呦拥有一个美满的家庭。丈夫李廷钊是其同学，初高中也在效实中学读书，两人的爱情曾是一段佳话。

屠呦呦的好友陈效中告诉媒体，早在高中时李廷钊便暗恋屠呦呦，但毕业后到苏联留学，回国到北京时，见曾经的暗恋对象还未结婚，就大胆表白了，两人恋爱了。1963 年，两人结婚。李廷钊曾先后在宝钢、北京的钢铁研究院工作，两人婚后生了两个女儿。

结婚后，屠呦呦一门心思放在科研工作上。陈效中说："生活上，她是个特别粗线条的人，有一次，她的身份证找不到了，让我帮忙找找，我打开她的箱子，发现里面东西放得乱七八糟的，不像一般女生收拾得那么利索。大家都笑话她。还有一次，我们几个人来宁波开会，她因为还要出席一个重要会议，多留了一晚，第二天单独坐火车回京。结果，停靠途中站点的时候，她下火车散步，竟然错过开车时间被落下了。结婚之后，她家务事不太会做，买菜之类的事都要丈夫帮忙。"陶瑜瑾则告诉记者："现在李老师在家，家里的事都是李老师管，他是个很好的丈夫。"

李廷钊性格温和、宽厚。每当有记者采访屠呦呦时，他总是在一旁招呼帮忙，还会偶尔和等待采访的记者谈起自己的专业——冶金工程，但对于妻子的事情只字不提。李廷钊对记者说："获奖和我没有关系，我不好讲。"

"他们是典型的知识分子家庭。"张大庆告诉记者，"这么多年，两人在事业上各干各的，但一直彼此支持。"1969 年，屠呦呦加入"523"任务时，在宝钢工作的李廷钊也同样忙碌，"两个人都要经常出差，那个时候大家都觉得干革命工作，就该舍小家为大家。"为了不影响工作，他们咬牙把不到四岁的大女儿送到别人家寄住，把尚在襁褓中的小女儿送回了宁波老家。

长期的分离曾一度造成了亲情的疏离。"大女儿接回来的时候都不愿叫爸妈，小女儿更是前两年才把户口从宁波迁回北京。"李廷钊说。对于今天家中摆满女儿和外孙女照片的屠呦呦而言，当年的她别无选择。"这其实是那个年代科研工作者的一种常态。"张大庆说，"幸好她的两个女儿都很出色，大女儿目前在英国剑桥大学做行政教务工作，小女儿很活泼，现在在北京工作。"

"小麦之父"李振声：
不愿做科学界的英雄

李振声，1931年出生于山东淄博，中国科学院院士，中国科学院遗传发育所研究员，植物细胞与染色体工程国家重点实验室学术委员会主任。曾担任中国科学院副院长、中国科学技术协会副主席等职，是国家级有突出贡献专家，先后获全国科学大会奖、国家技术发明一等奖、陈嘉庚农业科学奖等，也是2006年度国家最高科学技术奖获得者。

> 中国人必须证明：我们有能力养活自己！
>
> ——李振声

因为他，中国的小麦产量猛增150亿斤。

2007年2月27日，随着国家最高科学技术奖得主的揭晓，李振声先生原本平静的科研生活被打乱了。一拨又一拨媒体费尽九牛二虎之力想要与李老近距离接触，却被生性低调的他一一拒之门外。

但转过身，他却一再叮嘱助手，与研究所学生的座谈一定要尽快落实，他想和学生们多多接触，尽可能地将自己50余年的研究成果拿出来与他们分享。李老也并不是绝对的"铁面无情"，在记者多番恳请下，他终于答应在第二天的座谈前给记者留出一些时间。

50 万元捐款风波

2007 年 3 月 6 日，北京学院南路一栋普通的高层民宅里，记者敲开了李振声的家门。眼前的李振声头发花白、一脸慈祥，低沉的嗓音露出疲惫。简单寒暄后，李振声习惯性地坐到电脑前，而我们的话题，自然由这次获奖开始。

按照惯例，国家最高科学技术奖获奖者能拿到国家授予的 500 万元奖金，其中 50 万元属个人所得，其他部分为科研经费。于是，每年都会有许多人带着无比艳羡的眼光，想要看看这些科技精英们怎样支配这笔"巨额财富"。在获奖的当天，李振声便公开表示："荣誉归于集体，这次奖金也应归于集体。所以，我已和单位说好了，将这次奖金全部捐给单位，作为学生的'助学基金'，对经济困难的学生助一臂之力。"此言一出，激起千层浪。

赞成者将李振声视为偶像，而反对者却说，李振声的这一举动，会抬高人们对获奖者的期望值和人格标准，使今后获奖者在奖金处理上陷于两难境地。甚至有人公开质疑，认为李振声纯粹是为了出风头。

"我觉得这样的讨论真的很没有必要！每个人的情况都是不一样的！"

躲不开耳边的纷扰，李振声一脸无奈。他怎么都想不到，这样一个在自己看来再正常不过的举动，竟会引来争议。"事实上，攒点钱也不容易，要是自己经济拮据，我也绝对不会捐。而我每个月工资有 10000 多元，老伴儿是研究员，也有 3000 多元的月薪，除去日常的开销，不需要花什么钱。如果这笔钱真的能为学生们做点什么，身为老师，我真的很高兴！"

比起很多人，穷孩子出身的李振声对那些贫困生，更多了一份感同身受。

一次考试改变一生

1931 年 2 月 25 日，李振声出生在山东省淄博市周村区北的一个农民家庭，父母靠耕田劳作养活四个儿女，日子的艰难可想而知。但父母深知，只有读书才有出路。于是，从私塾到学堂，李振声靠着亲戚的资助一直读到了高中二年级，一心向往日后当上小学教员。

或许是命运眷顾，李振声偶然在街上看到山东农学院的一个招生广告——免费食宿。"既能上学还有饭吃？这是我小时候从没想过的。"

于是，抱着试一试的心态，李振声报考了山东农学院。他没想到，这一考，考出了全村第一个大学生，也改变了自己的一生。

让他萌生从事小麦育种研究念头的，却是一次假期。那时候在北方农村，很多人都有一种渴望，那就是天天都能吃上白面。当时，人们的主食主要是玉米、大豆等，相比之下，小麦单产低，容易遭受干旱和病虫害。在李振声的老家，乡亲们一直沿用当地的老品种进行耕作，往往忙活一年，收成也不理想。于是李振声带回了学院农场培育的几个优良品种，并拿自家的田地做试验。最初，乡亲们很怀疑，可到了 6 月，眼瞅着李振声家田里的麦穗沉甸甸，他们再也坐不住了，纷纷登门来换种。

打那以后，李振声每次回家都会带上新的麦种，返校时再包一些家乡的土壤回去研究。几十年过去了，淄博乃至全国的很多地方都种上了他参与研究的麦种。

攻克"小麦癌症"

1951 年，李振声大学毕业，被分配到中国科学院北京遗传选种实验馆工作，从事种植牧草改良土壤的研究。五年后，为了响应国家支援大西北的号召，李振声放弃了北京优越的工作条件，来到西部一个名不见经传的小镇——陕西杨陵，中国科学院西北农业生物研究所。那一年，他25岁。

李振声到达杨陵那年，我国爆发了历史上最严重的小麦条锈病。麦田里一片黄，叶片上全是锈粉一样的东西。李振声和同事们到田里巡查，转一圈出来，蓝裤子竟变成了黄裤子。

条锈病有"小麦癌症"之称，是公认的世界性难题。它的传染性极强，一旦发生将大面流行，导致小麦减产20%—50%，甚至绝收。那时，因病减产的小麦数量达100多亿斤，约占全国粮食总产量的二十分之一。

看着许多农民对着染病的麦苗失声恸哭，李振声心里特别不是滋味，他下决心：必须和病菌赛跑！

在北京时，李振声曾经收集种植过800多种牧草，这一次竟派上了用场。"小麦有5000年的历史，一直是人工栽培，抗病能力弱。而牧草则是在自然环境下生存繁衍，自身有很强的适应能力和抗体基因，对条锈病有很好的抗性。如果把它的抗病能力转移到小麦上，不就能大大提高小麦的抗病性吗？"李振声提出了自己大胆的设想，但说起来简单，做起来就没那么容易了。

"小麦和牧草是远缘，让小麦的后代获得牧草的抗病基因，难度非常大。"为了得到最优质的小麦品种，李振声要从成千上万株小麦中挑选出一株最好的进行繁育。杂交，筛选，再杂交，再筛选……一晃八年过去了，他所期待的小麦优良品种还是没有培育出来。

"那段日子，我的压力最大。"非议接踵而来，李振声甚至受到"研究工作脱离实际"的责难和批评。即便如此，他还是选择了坚持。

1964年，机遇终于出现。就在小麦收获期到来前，接连不断地下了40多天雨。等到天气突然暴晴时，一天之内，几乎所有的小麦全部干枯了。在1000多份杂交品种中，除了长穗偃麦草以外，只有一个品种还保持着金黄颜色——"小偃55"（小麦和牧草的杂交品种），在阳光的照耀下，它们舒展着叶片，一片耀眼的金黄。

眼前的景象让李振声兴奋起来，多年的苦功终于见到了成效！带着"小偃55"，李振声和同事们投入了新的研究。几年后，它的杂交成果"小偃6号"诞生，凭借其抗病性强、产量高、品质好的特质，在黄淮流域冬麦区广泛种植。一时间，陕西农村里流传开了一句民谣：要吃面，种小偃。李振声自己也笑言："我们今天能吃到发面馒头和面包，应该谢谢大自然，更要谢谢给小麦提供优良基因的小草。"

到目前为止，"小偃6号"系列及其衍生品种多达50多个，在全国累计推广3亿亩以上，增产超过150亿斤。

"我请求不参加评选"

从1956年到1987年，这31年中李振声一直在地方做农业科研，从未离开土地。与土地的亲密接触，为他的科研报告提供了丰富的第一手资料。

1985—1987年，我国粮食生产三年徘徊不前，而人口总量却增加了5000多万，粮食供给会不会出现危机？李振声接受政府指派，带领中国科学院的农业专家，进行了为期三个月的实地调研，得出的结果令人欣喜。

"我们预测，如果我国粮食要增加1000亿斤的话，黄淮海地区有500亿斤的潜力。"李振声随手拿起桌上的笔，在一张白纸上比画。而事实是，六年后，当我国粮食从8000亿斤增长到9000亿斤的时候，黄淮海地区的增长数达到504.8亿斤，与原来的预测十分吻合。

数据的精确让人赞叹不已。于是，在1991—1994年我国粮食生产徘徊局面又一次出现时，李振声再次被委以重任。1995年，他写了题为《我国农业生产的问题、潜力与对策》的报告。报告指出，我国具有新增 1000亿斤粮食的潜力，总量将由 9000 亿斤增长到 10000 亿斤，并提出了相应的对策和实现目标的建议。

然而，就在李振声提出这份报告的同时，一本由美国人莱斯特·布朗撰写的畅销书《谁来养活中国》出版，引起了很大轰动。

三年后，虽然我国粮食总产量如李振声所料，达到 1.02 万亿斤的预计目标，但此后却破天荒地连续五年减产。李振声自觉肩上的压力特别大，作为农业科学家，他说："中国人必须证明：我们有能力养活自己！"

经过科学分析，李振声发现，我国粮食减产，70% 以上的因素是粮食播种面积的减少，不到 30% 的因素是粮食单产的下降，即政策因素起了主导作用，因此他提出争取三年实现粮食恢复性增长的建议。

李振声的这一建议，引起了广泛关注，中央及时采取了有利的支农措施。到 2006 年，粮食总产量已经连续三年实现恢复性增长，达到 9949亿斤。

在 2005 年 4 月召开的博鳌论坛会议上，李振声以大量的数据分析和中国粮食生产的发展轨迹为依据，发表了题为《谁来养活中国？自己养活自己》的演讲，对莱斯特·布朗的观点作出有力回应，向世界表明了中国的立场。

算上 2006 年度国家最高科学技术奖，李振声已经先后获得了六项国家科技大奖。在旁人看来，这可能是难以企及的荣誉，但带给李振声的，除了欣慰，还多了一丝隐隐的不安。

"听说您曾经主动请求不参加此次评选？"

沉思片刻，李振声打开了自己的邮箱，将一封写于 2005 年 12 月 23日凌晨的邮件打开，信是写给中国科学院遗传发育所科技处处长的，其中有这样一段话："一想到'国家最高奖'，我就感到自己还有较大的差距，心中有些不安；如果是接连受奖就会更为不安，并且会变成一种心理压力。为此，辗转反侧，难以入睡……如有可能，我请求从候选人中去掉我的名字，不参加这次评选。"

"但您为它付出了那么多，得奖也算是对自己付出的一种肯定啊！"

李振声抬起头，浅笑道："首届国家最高科学技术奖得主吴文俊说过一句话：'科学界需要一个没有英雄的时代。'我非常赞同。如果说得奖是对我成绩的一种肯定，那肯定一次两次也就足够了。其实，表扬也好，不表扬也罢，我都会一样用心地去工作。与其将一个人的表扬集中起来，不如多表扬另外一些人，这样不是更好吗？调动更多人的积极性！"

（文 / 肖莹）

"嫦娥之父"欧阳自远：
想看看月亮另一面

欧阳自远，1935 年出生于江西吉安，著名天体化学家和地球化学家，长期从事地球化学、天体化学等研究，是中国月球探测工程首席科学家，被誉为"嫦娥之父"。

> 我们的任务就是做好设计，同时向公众传递我们的科学价值观。我们科学家肩负的是航天强国的梦，那么就不得不忙。
>
> ——欧阳自远

古今中外，月亮大概有 50 个名字，欧阳自远如数家珍。2016 年，这位刚刚度过 81 岁生日的"嫦娥之父"不仅研究月亮本身，还有月亮背后的神话、诗句等。与记者说到月亮，他神采飞扬，中气十足，滔滔不绝，他是位老人，却没有一丝老态。

2016 年 10 月中旬，神舟十一号载人飞船与天宫二号空间实验室成功实现自动交会对接，标志着我国首次实现了航天员中期在轨驻留。欣喜之余，欧阳自远也越发忙碌，因为下一个能让国人如此振奋的太空项目，是他参与的、即将在 2020 年升空的嫦娥五号。他对记者说："明年嫦娥五号要上月球，自动打转取样品带回地球；后年我们要从月亮的背面上去，这个是人类从来没去过的地方，我们要站在从地球上永远看不到的那一半月亮上探测。"他目光如炬。

因此，采访几乎是从他繁忙的行程表中"硬抢"过来的。年过八旬，他依然频繁参加探月研讨会、演讲会，以及进行 2020 年中国人首次探测火星的准备，与记者开口说的第一句话便是："现在任务太重了。"

但他甘之如饴，从 38 年前第一次触摸到月岩起，他就将自己的命运与月亮绑定。从研究地质到陨石，从申请探月到实现"嫦娥计划"，欧阳自远一心只做追月人。

探月一期只花了地铁 2000 米的钱

在"嫦娥工程"中，欧阳自远身份很多：探月计划提议者、"探月可行性报告"提交者、首席科学家……他还有个特殊的身份——移动的演说家。10 月上旬，他就参加了三四场探月报告会。这样的会议在 2004 年前后更为频繁，当时，时任国务院总理的温家宝刚刚批准了中国月球探测一期工程，外界对探月仍然持质疑态度。大部分质疑来自工程所需的预算 14 亿元。

"大家觉得我们在地球上有那么多事要做，西部大开发、东北要振兴、中部要崛起，还有那么多贫困人口问题没解决，瞎折腾去搞那个月亮干什么？何况 20 世纪美国和苏联搞了 108 次，现在中国人再做值不值，很多很多的质疑。"

作为首席科学家，欧阳自远只能反复解释，像探月工程的"苏秦、张仪"，不断在人群中游说。年近七十的他随身携带笔记本电脑，亲自撰写稿件，写了 20 多个版本的演讲稿，他对记者解释："从官员、科学院院士、大学生到中学生、小学生，都必须让他们听得明明白白。"粗略统计，至少已有 10 万人听过他关于探月工程的演讲。

最著名的便是拿北京地铁做比较的故事。当时，北京市公布地铁造价 1 公里 7 亿元，于是欧阳自远略带玩笑地跟大家说地球到月球大约 38 万公里，但探月工程一期也就是北京地铁修 2000 米的钱。他说："其实我想让大家了解，我们就使用 14 个亿。"

对欧阳自远而言，探月是个人理想，亦是国家使命。1978 年，美国总统特使布热津斯基访华，送给当时的中国领导人华国锋两件礼物：一是曾被阿波罗号带上月球的中国国旗，二是一颗月球岩石。这颗珍贵的岩石包含着大量宇宙信息，华国锋随即询问中国科学院，谁能搞清这块石头？中国科学院给的答复是："有人，在贵州呢。"说的便是当时在贵阳中国科学院地球化学研究所钻研矿床的欧阳自远。这位 43 岁的研究员刚刚因发表了多篇关于"吉林陨石雨"研究的论文而蜚声国际。

欧阳自远成为中国最早用镊子夹起指甲盖一般大的月球石的人。他组织全国 34 位学者专家，从岩石学、矿物学、月岩冲击效应、月岩历史的层面研究，先后发表 14 篇论文，还确认了岩石采集地点，这些论文在国际上引发热议。从那时起，欧阳自远意识到，刚刚起步的中国空间探测和月球研究，是时候迈开大步了。

嫦娥一号是英雄

1992 年，中国载人航天工程立项，神舟号正式登上历史舞台。这让时任中国科学院资源环境科学局局长、中国科学院地球化学所所长的欧阳自远看到了探月的希望。1993 年，他彻夜伏案写下两万字的《探月必要性与可行性报告》，从军事、能源、经济等多方面阐述了登月的重要性，提交给国家高技术研究发展计划专家组。

接下来的十年，欧阳自远不断同上层力争，跟专家、同事改进工程方案。他的妻子邓筱兰如此形容："他几乎把所有时间都用在工作上，回到家就是进书房、看书、查资料，家里的事儿什么都不管，饭做好了叫他吃就行，好的赖的都能吃，恨不得天天只穿一件衣服，家里小孩的生日永远记不住，大概就知道是几岁。"

2003 年底，经过十年努力，一份关于嫦娥一号的综合立项报告送进了中南海。两个月后，温家宝在这份报告上签了字，批准了中国月球探测第一期工程，欧阳自远被任命为首席科学家，这距离他开始月球研究已经整整过去了 25 年。那一天是大年初二，欧阳自远带着四名学生，与探月工程的总指挥栾恩杰下了趟馆子。他特地开了瓶茅台酒，举杯时声音有些颤抖："所有努力都是为了今天，我们很幸运。"

中国探月工程分为三步——绕、落、回，即一期突破绕月探测关键技术，二期突破月球软着陆、月面巡视勘察等技术，三期突破月面采样和返回地球等技术。因此，一期开始的 2004 年被称为绕月探测工程的开局年，这之后便是三年攻坚时光。三年里，每一个项目都离不开欧阳自远的参与，70 多岁的他每晚只能睡三四个小时，在各个对接城市来回飞。

2007 年 10 月 24 日，嫦娥一号绕月卫星在西昌发射，它需要进入月球 200 千米使命轨道，才标志着真正意义上的成功。而这个过程需要 13 天。回忆当时，欧阳自远对记者说："我们熬着睡不着觉，忧心忡忡。我害怕得手心流汗，怕它没抓住轨道。13 天后，卫星上轨道，我从来没那么激动过，抱着孙家栋（探月工程总设计师），我们两个七老八十的人说不出话来，眼泪一直在往下流。"中央电视台的记者在一旁问他的感想，他脑袋一片空白，只能哭着说："绕起来了！绕起来了！"

2010 年 10 月，嫦娥二号卫星升空，试验新的奔月轨道；2013 年 12

月，嫦娥三号探测器登陆月球，陆续开展了"观天、看地、测月"等任务，标志着探月工程二期实现；作为嫦娥三号备用卫星的嫦娥四号也已确定了月球背面登陆的任务。欧阳自远又全身心投入到探月工程第三期，即嫦娥五号的工作中。

和记者聊起探月计划时，欧阳自远最动容的时刻，是说起嫦娥一号的命运的时候。2009年3月1日，嫦娥一号完成所有绕行任务，将按照计划撞向月球，葬身太空。那是欧阳自远最心痛的时刻，呕心沥血十年，犹如自己的孩子。他有些哽咽："嫦娥一号最后在我们的控制下，飞了一刻钟、1469公里，撞在丰富海，粉身碎骨。它真的是一位'英雄'，为了国家的利益，献身于这个事业。后来我说，以后不要撞了，所以嫦娥二号的命运好多了。它干完了自己的事情以后，我们找活儿给它干，让它去'监视'一颗名为战争之神的小行星。"

他将嫦娥一号称为英雄，将所有的"嫦娥号"比作自己的孩子，这便是一位科学家的柔情。

火星移民还要上百年

记者：跟其他国家的探月相比，我们的探月工程有哪些独一无二的成就？

欧阳自远：我曾计算过，嫦娥一号干了一件独一无二的事，就是探测各种资源。据嫦娥一号发现，月球上的原料，可以解决全人类一万年的用量，所以用不着操心石油、煤、天然气烧光；嫦娥二号则是飞到了离月球表面100公里高处，还拍出了分辨率七米的图，这是世界上分辨率最高的月球全图，把它打印出来比足球场还要大；嫦娥三号在月球工作了32个月，创造了在月表最长工作时间的纪录，搜集了大量数据。

记者： 中国预计在 2020 年实现探测火星计划，您认为火星移民真的有可能实现吗？我们还有多久才能做到太空移民？

欧阳自远： 在我们已知的星球里，火星最适合移民。现在全世界的科学家，几乎都赞同改造火星建造第二个栖息地。我们经常一起开会讨论如何改造火星。2020 年中国探测火星，一个主要任务就是了解火星的地下水怎么分布，这颗星球能释放多少水，这是打造生存环境的第一步。对于火星，人类一定要有一个长远规划，我觉得从探测到改造再到移民，至少还要上百年。

记者： 现在有许多科普类的节目，比如中央电视台《加油！向未来》就是一档大型科学实验类节目，在节目中寓教于乐传播科学知识。您个人也是非常支持科普的科学家，如何看待"科学"二字？

欧阳自远： 我觉得科学是可爱的，充满魅力和奇遇的，尤其是太空里的科学。通过地质研究，人们把地球的"基因"和月亮的"基因"提取出来，证明月亮是地球的女儿，发现月亮是 45 亿年以前，地球被其他星体撞击后的碎片形成的。之后的 45 亿年，月球帮地球抵御了很多小天体；也是那次撞击，地球歪了，于是有了春夏秋冬，有了万物生灵。这就是宇宙最美的地方。所以，我研究了月球和地球后，觉得这个世界太奇妙了。在宇宙中，地球是歪的，是一个"残疾"，但这样的残缺却孕育了人类。

记者： 您已经为国家的太空探索付出了半个多世纪的努力，如今依然这么忙，会有疲惫的时刻吗？

欧阳自远： 一点也不觉得累。国民对于中国未来的月球探测、火星探测有巨大的期待，我们的任务就是做好设计，同时向公众传递我们的科学价值观。我们科学家肩负的是航天强国的梦，那么就不得不忙。

（文／余驰疆、王雪纯）

第三章

牢记使命
铸就复兴之路

人类探索太空的步伐永无止境。希望你们大力弘扬追逐梦想、勇于探索、协同攻坚、合作共赢的探月精神，一步一个脚印开启星际探测新征程，为建设航天强国、实现中华民族伟大复兴再立新功，为人类和平利用太空、推动构建人类命运共同体作出更大的开拓性贡献！

——2020 年 12 月 17 日，习近平代表党中央、国务院和中央军委祝贺探月工程嫦娥五号任务取得圆满成功的贺电

北斗先驱许其凤:

从 0 到 1 的突破

许其凤（1936 年 1 月 5 日—2020 年 7 月 2 日），天津人，中国卫星导航定位专家、中国卫星大地测量专家、国家重大科学工程"中国大陆构造环境监测网络工程"专家，中国工程院院士，解放军信息工程大学导航与空天目标工程学院教授、博士生导师，厦门理工学院终身教授。

> 以知识筑牢空间长城、以心血铸就和平之盾，是我义不容辞的责任，也是我始终不渝的强烈愿望。
>
> ——许其凤

2020 年 6 月 23 日，我国北斗三号全球卫星导航系统最后一颗组网卫星在西昌卫星发射中心点火升空。至此，我国北斗全球卫星导航系统星座部署全面完成。这个举世瞩目的消息传来时，许其凤正躺在中国人民解放军总医院的病床上，因为病情恶化，他已入院半年之久。几天之后的 7 月 2 日，许其凤病逝。网友沉痛留言缅怀这位北斗功臣："许院士，北斗终于建成，您却离开了。"

"我就是一个搞技术的人"

接到许其凤去世的消息时，他的秘书也是曾经的学生丛佃伟一时没反应过来。"今年初，我还和几位同事一起去给许院士庆祝了84岁生日。"丛佃伟对记者说。当时，许其凤身体很虚弱，已经不太能说话。丛佃伟见到他时，他的身上插满了管子。尽管如此，为了迎接同事的到来，许其凤早早就让家人将他从病床上扶起，坐到了椅子上。丛佃伟向他汇报了一些工作进展情况。许其凤很欣慰，和大家开心地交流了几句，看上去精神还不错。丛佃伟没想到，这是最后一次见到导师。"我真的没想到他就这么走了，从患病到生命的终点，许院士一直很积极乐观，也一直没有停下工作。"

2015年底，年近八旬的许其凤查出患有肺癌，经过深思熟虑后，他毅然躺上了手术台。术后，许其凤身体刚刚恢复，就马不解鞍地继续跟进课题工作。2018年5月，他赶赴哈尔滨参加中国第九届卫星导航学术年会，作了主题为"认识北斗 应用北斗"的报告，并现场进行答疑。此后，许其凤又应邀到厦门理工学院作报告。尽管身患恶疾，许其凤对主持的多项重大科研课题依然亲力亲为，大到总体设计，小到某个设计细节均能考虑周到。最让学生们感动的是，涉及关键问题的仿真研究，他总是会与学生一起进行编程仿真，以确保仿真结果更具可行性。他时常说："我就是一个搞技术的人。"他坚持和年轻人一道编写和调试程序，亲自指导学生，为我国卫星导航与航空航天领域培养出了大批的后备力量。

许其凤将自己的一生定位为"许教员"，培养出的许多学员成了卫星导航领域的顶梁柱。他总是说："如果我还能编程序，还能推导公式，说明我还没老，还能为国家、军队服务。"

中国必须要"另起炉灶"

许其凤长期从事"卫星大地测量与导航定位"领域的教学与科研工作，是中国最早开展卫星大地测量与 GPS（全球定位系统）技术研究的学者之一。20 世纪 60 年代，他研发了人造卫星测向仪，这些仪器成为中国最早的一批观测仪器，可以通过恒星的方向来计算卫星的方向。

1985 年，许其凤带着第一篇学术论文前往美国，参加首届 GPS 全球定位系统研讨会，他的论文成为焦点。1989 年，许其凤出版了《GPS 卫星导航与精密定位》一书，这是中国第一本全面阐述卫星导航系统的综合性专著。

几乎在同一时期，以陈芳允院士为代表的专家学者提出了利用两颗地球同步轨道卫星来测定地面和空中目标的设想。经过多次研讨后，中国"三步走"的北斗卫星导航之路铺开，"先区域，后全球"的思路被确定了下来。

1994 年，北斗卫星导航系统启动建设，北斗一号卫星导航系统工程正式立项。2000 年，发射两颗地球静止轨道（GEO）卫星，建成系统并投入使用，采用有源定位体制，为中国用户提供定位、授时、广域差分和短报文通信服务。2003 年，发射第三颗地球静止轨道卫星，进一步增强系统性能。北斗一号的建成使中国成为继美、俄之后第三个拥有卫星导航系统的国家。

然而，与美国的 GPS 和俄罗斯的格洛纳斯相比，北斗一号仍有不小差距。于是，2004 年，北斗二号卫星导航系统工程立项研发，许其凤承担起我国第二代卫星导航系统的星座设计工作，包括发多少颗卫星、卫星的发射高度，以及怎么进行排列等前期设计。当时，很多人建议我国参考已有的西方成熟技术进行 GPS 的卫星星座方案设计，但许其凤在仔细分析判断国家发展需求与国际态势后发现，在卫星星座的设计中，美国 GPS 的中高轨卫星组成的卫星星座是绕全球转的，这对于中国来说只有不到 40％的利用率。凭借着对卫星导航和 GPS 的全面了解，许其凤认为中国必须"另起炉灶"。他开始思考，能不能选别的轨道，既满足军事需求又少发几颗卫星？经过严密的计算推演，他提出采用倾斜同步轨道代替类似 GPS 的轨道，设计八颗星的最小卫星星座的建议。

许其凤提出的全新方案，实现了立足我国本土设站即可实现对全球系统的监控。同时，他还提出准实时校正运行方案，保障了系统的高精度导航性能和稳定性，并拥有独特的短报文功能。然而，对于他提出的新方案，很多人并不认同。有人提出异议："外国人都没有采用过，我们国家采用是不是可靠？是不是能够达到这个最后的设计目标？"面对质疑，许其凤并没有放弃，经过长期的实践测试，他的方案最终得到采用。事实证明，这一方案推动了我国卫星导航系统完成从 0 到 1 的突破，使我国成为世界上第三个具备自主可控卫星导航定位能力的国家，并为国家节省经费达 20 亿元。北斗二号系统于 2012 年 12 月宣布正式建成，完成 14 颗卫星发射组网，实现了全天时全天候为亚太大部分地区提供定位导航授时服务。

2017 年 10 月 14 日，北斗卫星导航系统首次在国产民用飞机应用试飞取得成功。在发展的同时，中国把目标延伸至提供全球服务。2009 年，北斗三号工程正式启动建设。北斗三号卫星导航系统由 24 颗中圆地球轨道卫星、3 颗地球静止轨道卫星和 3 颗倾斜地球同步轨道卫星，共 30 颗卫星组成。其建设目标是为中国及周边地区的用户提供陆、海、空导航定位服务，促进卫星定位、导航、授时服务功能的应用，为航天用户提供定位和轨道测定手段，满足武器制导的需要，满足导航定位信息交换的需要。随着不久前北斗"收官之星"成功发射，我国北斗卫星导航系统又进入了新领域。庆幸的是，许其凤见证了这一切。

家是旅馆，实验室是家

许其凤 17 岁考入解放军测绘学院，1958 年毕业后留校执教，一直在解放军测绘学院学习工作。1963 年，许其凤和厦门姑娘林素婉结婚。为了工作，几十年来，夫妻俩一个在郑州，一个在厦门，分居两地，聚少离多。1991 年，厦门集美大学航海学院聘请许其凤担任教授。这本是一家人团聚的好机会，但当时，许其凤正负责全国全球定位系统一级网工程项目，他参加了总体方案设计、技术人员培训、施测指导和数据处理等工作。为了不影响工程进展和研究生的培养，他最后没有调动，依然留在了测绘学院。直到 2007 年 1 月，厦门理工学院成立了空间信息技术研究所，邀请许其凤担任特聘所长，他才有机会常来厦门。

对许其凤来说，家是旅馆，实验室才是家。丛佃伟告诉记者："许其凤院士对工作异常热忱，长年累月熬夜，饿了就吃一顿泡面凑合。他生活很不讲究，家里的沙发、桌子、电视都非常陈旧。"每次受邀外出讲学或开会，即使是对方负责行程安排，他也总是交代：如果乘飞机，经济舱就可以了，坐商务舱浪费国家的钱；乘高铁也是要求只要有座就行。

许其凤生前曾感慨："回首半个多世纪的风风雨雨，有鲜花也有荆棘。对我来说，科研之路上的一次次困难和挑战，就是我成长的沃土。从军、从教六十余载，我是一名普通的老战士，也是一名普通的老教师。以知识筑牢空间长城、以心血铸就和平之盾，是我义不容辞的责任，也是我始终不渝的强烈愿望。"他用自己的一生践行了这一责任和愿望。

（文 / 李璐璐）

"深海勇士"汪品先：
演绎科考版"老人与海"

汪品先，1936 年 11 月 14 日生于上海，海洋地质学家，中国科学院院士，第三世界科学院院士，同济大学海洋与地球科学学院教授、博士生导师、海洋地质教育部重点实验室主任。

> 喊了半辈子进军深海，总得进到海底有个亲身经历。
>
> ——汪品先

2018 年 5 月 13 日，辽阔的南海西沙海域，探索一号科考船在万顷波涛中轻轻晃动着，船上所有人都在静静等待。下午五点多，深海勇士号深潜器浮出了海面。"出来了，出来了！"甲板上数十人一拥而上，热切地注视着深潜器的舱门，只见 82 岁的汪品先纵身一跃，稳稳地跨上最后一级阶梯，走出了深潜器。如雪的白发和红蓝相间的潜水服在辽阔的大海上如此引人注目，他把左手紧握成拳，放在胸膛前，沧桑的脸上露出坚毅的笑容。

"我们中国人也能下潜了！ 2010 年之前，世界上只有日本、美国、法国、俄罗斯四个国家拥有载人深潜器。"2018 年 6 月 1 日下午，记者在同济大学海洋楼见到汪品先时，老人朗声笑道。汪品先是我国著名的海洋地质学家，中国科学院院士，同济大学海洋与地球科学学院教授。我国自主研制的深海勇士号 4500 米载人深潜器投入实验时，汪品先亲自下潜并观察采样长逾八小时。他探索大洋近 40 年，从没想到，在过了退休年龄 20 多年后，迎来了科研事业上的重大突破。

三次深潜，"就是要和时间赛跑"

汪品先一早就做好了深潜的准备。2018 年 5 月 9 日，他从上海飞到三亚，来到深海研究所，10 日登上探索一号科考船。在众人的期待中，船只起航驶向西沙海域。随船有 60 名工作人员，其中八名科学家将下潜。得知汪品先也在下潜名单上时，所有人都吃了一惊。耄耋之年潜到海底去，这在此前是绝无仅有的，况且，汪品先去年被查出前列腺癌，登船时还随身携带着治疗用的针剂。工作人员和学生纷纷劝说："您都 80 多岁了，身体怎么吃得消。""这太冒险了，您不能下去！""派学生下海采样就行了。"可汪品先很坚决，这是他"蓄谋已久"的挑战："喊了半辈子进军深海，总得进到海底有个亲身经历。"

13 日一大早，汪品先在深海研究所所长丁抗以及驾驶员的陪同下来到甲板上。蔚蓝色的大海波光粼粼，目之所及处，海天一色，非常壮丽。

8:05，三个人进入深海勇士号深潜器，汪品先坐在右边，左边是丁抗，中间是驾驶员。

8:10，深海勇士号缓缓吊离甲板。

8:20，深海勇士号下水，并以每三分钟 100 米的速度下潜。

9 时许，深海勇士号下潜到 1400 米左右的海底。一个从未见过的、神奇的海底世界呈现在了汪品先眼前。

"我们首先看到了冷泉，这还是在西沙群岛地区第一次遇到冷泉。"冷泉是海底沉积界面之下以水、天然气、石油等为主要成分的流体，以喷涌或渗漏方式从海底溢出。1983 年，美国科学家在墨西哥湾确定了第一个冷泉。2002 年，"冷泉"这个概念被引入中国。在南海发现冷泉，意味着这儿的海底有一套相对完整的生物系统。"冷泉像海底生物的家园一样，我们看到了贻贝类、多毛类动物以及海星、海胆，还有鱼和螃蟹游来游去。我抓了一只半米大的螃蟹，可惜它不听话地乱动，结果壳被机械手抓碎了。"汪品先笑道。

深海勇士号在没有阳光照射的海底继续行驶着，冷不丁地，他们撞上了冷水珊瑚林。"这是完全没有想到的！"汪品先兴奋极了，"海底的珊瑚几年才生长一毫米，一根根地立在海底岩石上，在海水中摇曳生姿。那些两米多高的竹珊瑚拉直后能有五六米长。还有矮的珊瑚像扫帚、像扇子，非常漂亮。这片珊瑚林为海洋动物提供了栖居地——上面有海星、章鱼等生物，真是美丽。"汪品先充满激情地描述着当时看到的情景，双手不断地比画着："就像爱丽丝梦游仙境一样。"

冷水珊瑚林的发现对研究海底生物有着重大意义。"海水平均水深 3700 米，上面 200 米才有光，也就是说下面 3500 米的海水是没有光的，地球上的海水 95% 是黑的，是一个我们了解很少的黑暗世界。从前，大家认为海底岩石是没生物的，但我现在看到了冷水珊瑚，而且这些珊瑚全部长在石头上，那么就说明，岩石质的海底是有生物圈的，这在中国是没有注意过的。"

深海勇士号在海底航行了四五公里，观察采样逾八个小时。当汪品先神采奕奕地走出深潜器时，所有人都松了口气。第一时间，汪品先给远在上海的妻子孙湘君发了封邮件报平安。妻子立刻在微信群里对身在澳大利亚的大儿子、身在美国的小儿子说："老头子出来了！一切平安！"两个儿子松了口气："太好了！爸爸很棒！"

可汪品先意犹未尽："我们原计划是八个人每人下潜 1—2 次，因为冷水珊瑚林的发现，我又给自己增加了一次下潜，最后一共潜了三次。"5月19日，汪品先第二次下潜观察冷泉；21日，他第三次下潜，再次观看、采样冷水珊瑚。

从10日登船到24日下船，汪品先度过了14个难忘的日夜。因为吃住都在船上，为了保证他的身体健康，护士每天都来给他量血压。尽管被大家当作"大熊猫"一样保护，但汪品先对自己的身体非常有信心，他有时五点多起床去海上抓拍日出，白天和大家一道进行学术交流，晚上开会听取下潜人员的汇报，安排第二天的下潜计划……他深知，这是"南海大计划"的收尾之作，要求尽善尽美。2010年，国家自然基金委立项"南海深部过程演变"的重大研究计划，2011年启动至2018年结束，总投入超过五亿元人民币。这项计划旨在采用一系列新技术探测海盆，揭示南海的演变过程。汪品先是这项计划的发起人，也是负责人、专家组组长。这一计划共立项60个，国内32个单位、700多位科学家参与，并且超计划实施了三次大洋钻探和三个深潜航次。"大洋钻探是在三四千米的海底打钻，通过研究岩心来发现南海形成的历史。"汪品先解释说，"通过钻探，我们发现了南海独特的张裂过程，这和北大西洋所谓的世界典型模式是不同的——过去人们都认为海洋是由陆壳经过一系列的扩张、裂变、演化而来。现在，我们将对南海模式进行研究和论证。"

说起这八年的南海科考，汪品先的声音因为激动而颤抖起来："我国的海洋事业是近些年才发展起来的，而我现在这个年纪，就是在和时间赛跑，我还有很多计划要去实现。"

两项改革，"我差点翻了船"

汪品先与海洋有着特殊的缘分，他一生之中做了两件与海洋有关的大事，一是从事深海科考研究，二是创办了同济大学海洋地质与地球物理系（现海洋与地球科学学院）。

汪品先出生在上海南京路上一个普通的家庭，八个月大时，父亲去世，母亲抚养他长大。1955 年，高中毕业的汪品先前往莫斯科国立大学地质系学习古生物学，回国后被分到华东师范大学。"其实在莫斯科我学古生物学，回国分配工作填的志愿是西藏，但没有去成。"汪品先略有遗憾。他回国那年，华东师大正筹建海洋地质系，然而当时连条舢板船都没有，海洋科研无从谈起。接着又逢"文化大革命"，汪品先被下放到马陆公社参加劳动，他一度非常苦闷，但幸运的是，转机很快就到来了——1970 年，经国务院批准，成立了上海"62722 工程"筹备组，任务是筹备海洋石油钻探工作。为响应中央培养海洋地质人才的号召，汪品先和同事建议华东师范大学招收"学习海洋地质"的学生，得到批准。

同年，华东师大成立海洋地质专业，十几位工农兵学员入学，成为第一批新生，汪品先回到华东师大任教。1972 年，这支"海洋地质连队"的师生从华东师大开进了同济大学，三年后，同济大学海洋地质与地球物理系正式成立。

新系建立之初，物资、师资力量缺乏，也没有合理的管理体系。单身老师的宿舍是消过毒的原肝炎病房，实验室是废旧车间，而一台两个眼睛对不上焦的显微镜，就是当时的全部实验设备。但时代的发展变化是惊人的，在改革开放的洪流中，一切都不一样了。1978 年，汪品先受石油科学代表团邀请，去美国、法国访问两个月，成为改革开放后同济大学访问西方的第一人。

在美国访问时的一个晚宴上，汪品先结识了大名鼎鼎的美国海洋科学家洛勃里克。洛勃里克看过汪品先发表的一篇关于古生物的文章，非常感兴趣。在交谈中，汪品先从洛勃里克嘴里知道了"深海找油"这个概念，两个人越聊越投机，只觉相见恨晚。最后，洛勃里克和汪品先悄悄溜进一间小屋子，一边喝着红酒，一边促膝长谈。在洛勃里克的讲述中，汪品先第一次知道原来人也可以下潜到海底去，他如痴如醉地听洛勃里克描述着奇幻的海底世界，心向往之。

回国后，汪品先依然与洛勃里克保持着友好的联系，时常通过书信交流。1981年，在洛勃里克和时任同济大学校长李国豪的推荐下，汪品先获得德国洪堡奖学金，以45岁"高龄"负笈德国，在基尔大学进行为期一年的研究。基尔曾经是德国海军基地，后来成为德国海洋科学的中心。在这里，汪品先触摸到了国际海洋科学的前沿，受到了震动。"自古以来，所谓的海洋开发都是从外部利用海洋。而当代的趋势，却是进入海洋内部，深入到海底去开发。中国在这方面还是空白。"

1982年回国后，汪品先正式主持同济大学海洋地质系工作。他做了两个大的改革：一是将四年制本科变为五年制，二是请走所有工农兵教师。"我要求大一新生专门学一年英语。"至今，汪品先谈到自己的改革时，仍然壮怀激烈："海洋是全人类的事业，中国这方面发展又落后，不学好英语，怎么和国际开展合作呢？"但是这些措施遭到了学生、家长甚至同济大学外语系教师的反对。很多家长提出，国家分配制度有很多不确定性，孩子晚毕业一年就增加一年的风险，干吗要浪费时间学英语。而外语系的老师认为，海洋地质系的英语教学比重太大，导致英语老师人手不够，加重了外语系的负担。在各方反对下，五年制本科只实行了两年就被取消了，这让汪品先非常失望。

汪品先赶走工农兵教师也引起了轩然大波。"文化大革命"结束后，如何对待工农兵学员出身的教师一直是学校面对的一大难题。这些教师的业务水平和教学经验难以满足教学需求，但请走他们，会引起一连串的问题，谁也不敢这么做。可雷厉风行的汪品先不怕，他只留下了一名优秀老师，其余全部请走。很多人给校党委写信告状，一向文质彬彬的汪品先表现出了少有的强势，他改掉了苏联模式的教研室，撤除了教研室主任的职位。如今回想起来，汪品先说："这次改革我差点翻了船，但为了教学工作，我必须请走他们。"在他的拼命下，1985年，同济大学海洋地质系成为当时国内高校中唯一的海洋地质学博士点。

一次重量级科考，"能活着回来就算赢"

汪品先认为，海洋开发的重心正在下移："现在全世界开采的石油 1/3 以上来自海底，各国对海洋资源的争夺日益激烈，要追赶上发达国家，我们必须搞清楚海底是什么样的。"1985年，他的《中国海洋微体古生物学》在德国和中国联合出版，引起了国际学术界的注意，包括世界上最权威的科学杂志之一《科学》在内的十几家杂志纷纷评论。法国杂志评论说："中国海洋研究崛起了。"

在研究过程中，汪品先把眼光瞄向了南海。汪品先和南海结缘已久，1977年，他就在南海进行了第一次科考。当时，南海第一口探井"莺一井"正在莺歌海镇开钻，他在岸边进行岩芯分析。

1997年，中国申请加入国际大洋钻探计划，以每年 50 万美元会费成为"参与成员国"。大洋钻探的航次根据各国科学家的竞争安排——每个耗资逾 700 万美元的钻探航次由国际专家组根据成员国科学家提供的建议书投票产生。这一年，汪品先提交的《东亚季风在南海的记录及其全球气候意义》建议书，得票最高，一举拿下 ODP184 航次。

两年后，ODP184 航次在南海实施，年过六旬的汪品先担任首席科学家，登上了美国科考船决心号，这是第一次由中国人设计和主持的大洋钻探航次。"此前，我从没参与过大洋钻探，突然当了首席科学家，压力很大。

我跟老伴儿说，能活着回来就算赢。"在南沙海域，当第一口井开钻时，美国船长下令升起中国国旗，望着鲜艳的五星红旗，汪品先的心中似乎也涌出了鲜红的热血。

2005年，汪品先又促成了同济大学与法国合作的"马可·波罗"航海科考，继续担任首席科学家，这一次，他乘坐的是法国船。

"现在，我们中国也有了自己的科考船。"回顾30多年的大洋科考生涯，汪品先感慨万千。那么多年里，他每天工作十五六个小时，从来不知道什么是疲倦。很多个夜晚，他在实验室里通过显微镜观察微生物，投入到忘了一切，直到半夜要回家，站起来时才发现两条腿都是麻的，要在原地站很久很久，才能移动脚步。一位同事曾打趣说："汪品先，你这么用功，可是投入和产出不成比例啊。"而如今，老人积累的知识全都派上了用场："终于等到了最好的时机。"

30年分离，"我们终于有了家"

因为对海洋事业的卓越贡献，1991年，汪品先当选中国科学院院士。说起评选院士的这段经历，汪品先很淡然："我们那个年代没人关注这个，当不当选无所谓。"后来，有人推荐他的夫人、植物学家孙湘君参选中国科学院院士时，汪品先立刻站出来反对，不希望夫人参与评选。

汪品先和孙湘君在莫斯科大学同一专业留学，他们从同学成为知己，最后发展为恋人。然而回国后，孙湘君被分配到了北京科学植物研究所，两人两地分离长达30余年。直到2000年，孙湘君退休后来到上海，两人才得以团聚。

"汪品先是世界上最好、最优秀的男人。"说起丈夫，已是白发苍苍的孙湘君眼睛里闪着光，毫不掩饰对丈夫的倾慕之情。"在莫斯科大学，他是系里指定的班长，他的俄文在我们当中是最好的。那时候听课，教授用俄文讲一大堆，我们坐在下面，很难听懂。但汪品先能把教授讲的内容全记下来，每逢考试时，不仅中国学生向他借阅笔记，就连苏联同学也来借阅。他写的俄文作文，老师看了后直夸文笔极好，还在校广播台播送。"

孙湘君幸福地回忆起了在莫斯科大学时的那段浪漫时光。年轻的恋人在偌大的校园里漫步，惊讶于此前从未见过的、锃亮的大理石地面。在俄罗斯红场前看来往的车辆和异国风情的建筑。他们一起在敞亮的教室里读书，在校园的草地上、城堡前读小说和诗歌。他们都喜欢普希金、莱蒙托夫、高尔基的诗……说到动情处，老太太深情地用俄语背诵了普希金的诗体小说《叶甫盖尼·奥涅金》中的一段："我过去的一切，整个生命都保证了必然和你相见。我知道，是上帝把你送来的，保护我直到坟墓的边沿……"这是小说女主人公达吉雅娜写给奥涅金的求爱信，这份热烈的感情，正是恋人之间浓情蜜意的写照。

回国后，汪品先和孙湘君在同济大学的礼堂里举办了简单的婚礼。在此后的 30 年中，两个人多次商量团聚。汪品先想调到北京来，但同济大学怎么也不肯放人。很多人给他出主意说，你在家躺倒，不干活儿，一个月、两个月、半年、一年，学校就没有办法了，只能放你走。但这对汪品先来说是绝不可能的事。科学植物研究所也不愿意放孙湘君去上海。"我研究古植物，植物研究所对我来说是最好的单位，和汪品先商量后，我们都觉得，我离开会很可惜，所以我也没有调走。"

就这样，两个人分离在两地，只能依靠鸿雁传情。每年，汪品先利用十天的探亲假，从上海坐火车硬座到北京探望妻子。孙湘君住在植物研究所的单身宿舍里，这里在清朝时是太监休息的地方。一间小小的屋子，里面只能摆放一张双层床，汪品先去时，看到妻子趴在下铺的床头上写论文，顿时鼻子一酸。"那时候条件不好，她一个人带着两个儿子，这么多年，真是难为她了。"

现在孙湘君来到上海，汪品先也有人管了。"他一工作起来，一整天都不知道喝水，我就泡了茶，监督他喝；他以前工作到深夜才回家，现在我规定他晚上十点必须回来。"同济大学原本给孙湘君安排了办公室，但她不愿意去，而是把汪品先办公室隔壁的会议室当作了自己的办公室。"她就想和我一起办公。"汪品先的脸上漾起甜蜜的笑。

孙湘君刚来上海时，很不适应这里的气候，尤其是冬天，上海湿冷，她就去澳大利亚的大儿子家住。有一年春节，学校放了寒假，汪品先独自一人在办公室工作，保安煮了饺子，半夜送到办公室给他吃。孙湘君知道这件事后，很心疼，以后的冬天她都留在了上海，"我哪儿也不去了，我要和他一起过年"。

30 多年的分离，从青丝到白发，让两个人格外珍惜朝朝暮暮的时光。一个下着小雨的夜晚，因为办公室停电，汪品先只好回到家中办公。"我看到他坐在书房的书桌前伏案工作，就觉得这才是个家。30 多年过去，我们终于有了家。"说着，老人的眼里闪出了泪花。

（文／李璐璐）

"战略科学家"钱七虎：
为国防工程铸就"金钟罩"

　　钱七虎，1937 年出生于江苏昆山，防护工程专家，中国工程院首届院士，陆军工程大学教授。建立了我国现代防护工程理论体系，引领防护工程领域实现跨越式发展，荣获 2018 年度国家最高科学技术奖。

> 　　我作为军队的一名科学家，要始终把科技强军作为毕生的事业去追求，并为此奋斗一生。这是我的事业所在，也是我的幸福所在……
>
> ——钱七虎

　　人们常说，老一辈科学家普遍对钱不看重，82 岁的钱七虎就是一个典型代表。拿到 2018 年度国家最高科学技术奖的 800 万元奖金后，他仅用了不到一周的时间便将其"花"了个精光，而且是一次性"花"完。

　　2019 年 1 月 8 日，钱七虎站在人民大会堂的领奖台上，从国家主席习近平手中接过了那本红艳艳的获奖证书。发表感言时，这位满头白发的科学家敬了一个标准的军礼。面对荣誉，钱七虎谈的依旧是责任与担当：

"我作为军队的一名科学家，要始终把科技强军作为毕生的事业去追求，并为此奋斗一生。这是我的事业所在，也是我的幸福所在……"

与往年不同的是，2019 年国家最高科学技术奖的奖金由 500 万元提升至 800 万元，同时规定奖金全部由个人支配。钱七虎很快就行使了自己的这项权利：收到奖金没几天，他主动提出将 800 万元奖金全部捐出，纳入他此前设立的公益基金，重点资助西部和少数民族的贫困学生。消息传开后，无数网友为之动容。

由于所从事工作的特殊性，在这次获奖之前，钱七虎的公众知名度其实并不高。但在中国的防护工程领域，他向来是一位仰之弥高的领路人。60 多年间，钱七虎不仅开创了我国防护工程这一崭新学科，还为其奠定了理论基础，将中国的防护工程研究推向国际先进水平。

军事抗衡中，有"矛"必有"盾"。坚船利炮有了，导弹核弹有了，如何铸就坚不可摧的"盾牌"，是钱七虎毕生钻研的课题。

猛"虎"冲进蘑菇云

20 世纪 70 年代初，中国西北的戈壁深处传出一声巨响，荒漠上空随之升起一团蘑菇云。烟雾还未散尽，一群身着防护服的科研人员就迅速冲进核爆中心展开勘察，钱七虎便是这群勇士中的一员。

当时，钱七虎受命对空军飞机洞库的防护门进行改进。为了掌握原有设计中存在的问题，他特意申请到核爆实验现场去。通过观察，钱七虎发现核爆后洞库虽然没有被严重破坏，里面的飞机也没有受损，但防护门因为严重变形导致无法开启。"门打不开、飞机出不去，就无法反击敌人。"

那个年代，飞机洞库防护门的相关设计计算都靠手算，计算精度差，效率很低。为了设计出能抵抗核爆炸冲击波的机库大门，钱七虎决定变一变。彼时，有限单元法作为一种工程结构分析问题的数值分析方法刚刚兴起，钱七虎便大胆决定运用它来计算，这在当时的中国尚属首次。

设计计算需要用到晶体管计算机，但国内只有少数几个单位有这样的设备。而且他们自身的研究任务也很重，设备使用率很高。钱七虎就利用节假日和别人吃饭、睡觉的空隙，打时间差"蹭"设备用。

时间好不容易抢来了，如何使用又是一个难题。面对巨型计算设备，钱七虎团队拿到的只有一本操作手册。由于从来没有接触过，团队中很多人看它就像看"天书"。钱七虎虽然自学过计算机的基础理论，却从未上机操作过，他也只能硬着头皮现学。

连续两天时间，钱七虎把自己关在房间里啃"天书"。当他再次站在团队人员面前，说的第一句话就是"可以上机操作了"。他不仅看懂了操作手册，而且已经开始编写大型防护结构的计算程序。

由于科研任务重，钱七虎常常睡在办公室里，赶任务时啃馒头、吃咸菜是常有的事。心血付出了不少，实验却一次次失败。"气动实验做了几十次，用了整整一年，失败后总结一下，就接着准备下一次实验。"

任务攻坚的两年间，钱七虎没有气馁过，他把每一次失败都当成学习的机会，最终解决了大型防护门变形控制等设计难题。为了缩短开关防护门的时间，他还创新提出使用气动装置升降洞库门，成功研制出当时我国跨度最大、抗力最高的地下飞机洞库防护门。拿到成果鉴定后不久，钱七虎也接到了一份"十二指肠溃疡和胃溃疡"的医疗诊断书。那一年，他38岁。

钱七虎既没因为成果鉴定书而高兴止步，也没让医疗诊断书吓倒，两张纸都被他放到一边，他趁热打铁总结起实践经验。结果肠胃疾病尚未痊愈，长期劳累又诱发了痔疮。面对记者，钱七虎的夫人袁晖不忍回忆那段往事："他每次上完厕所，马桶上都是一片血红……"因为疼痛不能坐着，钱七虎就坚持趴在床上看书写作。

经过十多年的研究，钱七虎和团队为抗钻地核武器防护工程的设计与建设提供了诸多理论依据，在实践中为我国战略工程装上了打不烂、炸不毁的"金钟罩"。

进入上千米深的矿井考察

随着侦察手段的不断更新、高技术武器与精确制导武器的相继涌现，防护工程常常"藏不了、抗不住"，"矛"与"盾"在对抗中不断升级。面对挑战，钱七虎带领团队开展抗深钻地武器防护的系统研究，并创造性地提出了建设深地下防护工程的总体构想。

为了掌握一手资料，钱七虎总是亲自去各类深地下工程实地考察。一次学术会议结束后，他专程坐车赶到200公里外的一座大型煤矿，深入地下上千米深的作业面去实地考察。煤矿的支巷里潮湿、闷热、粉尘遍布，温度高达40 ℃，时年70多岁的钱七虎在这样的环境中坚持了一个多小时，通过观察获得了许多宝贵信息。

还有一次，钱七虎带领团队参加在国外举办的国际学术会议，得知附近有一座大型地下油库正在建设，他辗转沟通，总算被允许去实地参观。考虑到在建工程危险性大，陪同人员劝阻钱七虎不要下去，但他坚持要去深达数百米的掘进现场考察。暗淡的光线下，观测人员需要避开复杂的管线和设备，不时会有小碎石落下砸到安全帽上。钱七虎不为所动，仔细地观看记录，得到了重要的参考数据。

从领导岗位退下来之后，钱七虎却比以前更忙了。面对记者的疑惑，钱七虎和蔼地笑道："忙是我这个人一生的特点。"作为多个国家重大工程的专家组成员，他要为决策部门出谋献策。此外，作为顾问，他还经常受邀到工程一线指导项目建设。这些事情,换作是同龄的人可能会适当推掉一些,但钱七虎来者不拒。

一家研究单位曾邀请钱七虎参加科研项目论证会,会议前两天,他因长年钻坑道落下的关节炎急性发作,疼得连走路都困难。主办方听说后,劝他在家休养。钱七虎不肯,执意要去,最后硬是带着止疼药、坐着轮椅参加了项目会。

"钱院士来了,我们做事情心里就踏实,有谱了。"在许多工程师眼中,钱七虎就像一艘大船上的压舱石。工程项目所在地通常交通不便,有时还要深入地下数百米,钱七虎却总是亲自去指导,"现场调查是工程建设的基础,只要时间能安排得开,就一定去"。

"兴趣广泛"的战略科学家

国防工程之外,钱七虎把科研应用延伸到了国家经济社会发展的多个方面。

20世纪90年代末开始,关于城市交通拥堵、空气污染、城市水涝等许多城市病的新闻和讨论不时见诸报端。钱七虎利用自己研究地下工程占有大量国内外学术资料的优势,率先提出开发利用城市地下空间的战略。

2000年,钱七虎参与撰写了我国第一部关于城市地下空间开发利用方面的专著《中国城市地下空间开发利用》,后来又主持了北京、深圳、南京、青岛等十几个城市地下空间规划的评审工作。经过20多年的持续关注和不懈研究,钱七虎已经成为城市地下空间规划领域的权威专家。时至今日,那些关于城市地下空间开发、地下快速路、地下物流等理念依然处于世界前沿。钱七虎的一些理念已经在中国未来之城——雄安的建设中被采纳。

2018 年 10 月，港珠澳大桥正式通车，这背后同样离不开钱七虎的贡献。港珠澳大桥包含一段长约六公里的海底隧道，其中海底沉管对接是工程施工中的难题。钱七虎综合考虑洋流、浪涌、沉降等各方面因素，提出合理化建议方案，帮助管道顺利完成对接。

近年来，钱七虎又提出了核废物深地下处置、国家能源储备方案等重大建议，得到了相关管理部门的采纳。

每天晚上的《新闻联播》，钱七虎通常不会落下。除了电视，他还从各类报刊上获取信息，无论是国家大事还是民生问题，他都习惯与自己的研究领域对对号。"钱学森除了研究航天、火箭和导弹外，研究领域也很广泛，比如他曾经提出发展沙产业、建设山水城市等一系列超前理论。"钱七虎以此为榜样，看到哪些事情对国家和人民有利，就把兴趣和爱好投向哪里。

在北京建筑大学土木与交通工程学院院长戚承志看来，钱七虎已经不仅仅是科学家，更是一位战略科学家。"不是每个科学家都可以成为战略科学家。为什么是他？通过这些年的接触，我觉得是因为他心里边装着国家，想着国家安全，不然很难站在国家的高度去考虑问题。"

战火中出生，军营里报国

之所以对国家安全如此重视，与钱七虎幼年的经历不无关系。1937 年 8 月 13 日，淞沪会战爆发，日本侵略者占领上海，血腥的战争逼近江苏昆山县城。钱七虎就是母亲在逃难途中的渔船上生下的，他在家中排行老七，因此得名"七虎"。

每每回想起童年，有两个场景一直萦绕在钱七虎脑海：一个是侵华日军将杀死的游击队队员尸体放在小学操场上示众，还逼迫镇上的理发店师傅下跪磕头，不从就砍头；另一个是他在上海读中学时，美军残暴打死三轮车夫。亲历过那个年代的钱七虎，对国破民弱的旧社会心痛不已。

新中国成立后，依靠政府的助学金，钱七虎完成了中学学业。强烈的新旧社会对比，让他自小就在心里埋下了报党报国的种子。13 岁时，钱七虎就报名参加军干校，但出于身体原因落选。14 岁，他申请加入共青团，并先后担任共青团支部宣传委员和书记。

在上海中学读书期间，正值中国实施第一个"五年计划"，钱七虎梦想着成为一名工程师。因为有目标，他学习起来加倍努力，成绩十分优异，六门课中有四门拿了 100 分。当年上海代表团去朝鲜慰问志愿军时，其中一个慰问品就是钱七虎的成绩单。

毕业时，一些优秀的学生可以直接被选送到苏联留学，品学兼优的钱七虎也在其中。但当时我国亟须培养军事人才，学校领导找到钱七虎，希望他放弃出国，到新成立不久的哈尔滨军事工程学院学习。一边是难得的出国深造，一边是国家的需要，钱七虎毅然选择了后者，他只有一个念头："没有党和国家，我连中学都上不起，哪能想那么多，组织叫我干啥就干啥！"

大学就读期间，钱七虎六年假期只回过一次家，每个假期他都主动留校学习。毕业时，他是全年级唯一的全优毕业生，因此被保送至苏联莫斯科古比雪夫军事工程学院深造。在陆军工程大学采访时，记者看到了钱七虎求学时的笔记，他的字工工整整，像印刷出来的一样，认真程度可见一斑。

学术上的严谨，钱七虎一直保留到今天。作为国家防护工程重点学科带头人，他的名气不必多说，但很多学生提起他时都"心有余悸"，因为都曾有过"痛苦却有收获的煎熬"。钱七虎对论文中的每一个数据都要反复试验，每一个判断都要仔细论证。他总是不厌其烦、逐字逐句地去推敲。

考虑到年龄和精力，有学生提议帮老师代上一些专业基础课，钱七虎听罢当时就火了："我们不搞代师授徒那一套，把人招进来就得全心全意地把他们培养好！"

如今，耄耋之年的钱七虎依然活跃在教学研究一线。工作之余，他坚持每周游泳两次，每次游 500 米。说起原因，这位"80后"老科学家笑着说："遵循毛主席指示：身体好、学习好、工作好。"

（文 / 祖一飞、喻思南、云利孝）

港珠澳大桥总师林鸣：

让世界看到中国工程奇迹

林鸣，1957年10月出生于江苏兴化，中国交建总工程师，港珠澳大桥岛隧工程项目总经理、总工程师，中国工程院院士。曾参与珠海大桥、珠海淇澳大桥、福建刺桐大桥、武汉白沙洲大桥、江苏润扬大桥、南京长江三桥等大型桥梁建设。

> 经济发展，交通先行；交通发展，桥梁先行。
>
> ——林鸣

珠江入海口的伶仃洋，曾以悲壮、屈辱的底色渲染了民族的历史画卷。700多年前，文天祥行军至此，面对山河破碎，留下"人生自古谁无死，留取丹心照汗青"的千古名句；180多年前，这片海上发生了虎门销烟，随即鸦片战争爆发，中华民族的大门用不堪的方式被叩开，近代中国的屈辱史就此拉开序幕……

在新中国七十华诞之际，这片见证了沧桑巨变的海上腾起了一条东方"巨龙"——港珠澳大桥，将香港、澳门和珠海紧紧联结在一起。为了让飞机、船舶正常通行，"巨龙"的身躯有6.7公里被埋在海下。这6.7公里就是港珠澳大桥岛隧工程，其总工程师是林鸣。

伶仃洋是世界最复杂的海域之一。这里航线密集、帆樯如云，还是中华白海豚的栖息地，而台风频繁侵袭、淤泥堆积严重、海床构造复杂，更让这片大海深不可测，港珠澳大桥也因此成为世界难度最大的工程之一。为了修建这条隧道，林鸣和他的团队在伶仃洋上奋战了七年，创造了500多项发明专利。

勇于创新，用建内河码头的方法建珠海大桥

林鸣参与建设的三座大桥，都与珠海有关。

1991年的一个夜晚，初到珠海的林鸣无助地站在海岸旁，望着海上黢黑一片。远处的珠海大桥正在紧张施工中，亮起点点星火，近处岸边的海浪却咆哮似的一个接着一个打来。这个初见一点也不美好："这片海，让我望洋兴叹！"

来珠海之前，林鸣没跟海打过交道，而是跟河干了十年。1981年，林鸣大学毕业后到交通部第二航务工程局（简称"二航局"）工作，当时二航局的主营业务是修建长江内河码头。十年下来，林鸣跑遍了长江沿线的码头。"但突然有一天，我们发现没活儿可干了。"那是20世纪80年代中后期，国内港航工程建设疲软，长江上的码头基本上都停工了。1991年的全国交通工作会议上，交通部为二航局找出路，一位领导问："珠海有座桥，分三段，中间那一段给别人3400万元，说干不了，因为水宽三公里，你们有没有兴趣？"

"当时我们快'饿'疯了，毫不犹豫地说：有兴趣啊！"林鸣向记者回忆往事，笑言当初颇有天不怕地不怕的闯劲儿，斗志昂扬地奔赴珠海。直到他们实地一看，才傻了眼，有了望洋兴叹那一幕。"这活儿怎么干啊？"

他还记得第一天晚上住在工程招待所里，颇受冷遇。在别人看来，建码头和建桥完全是两码事，来的是帮"外行"。

林鸣不服气。他和局里专家一起摸索建桥方法，水下2.2米桩基在现在看来是"小儿科"，但全局十位教授级高工开了三四次重要会议研究，才理出头绪。由于不熟悉传统建桥方法，他只能将建码头的方法移过来，没想到竟产生奇效。"许多搞桥梁的方法都是靠手工，零打碎敲，一块块拼。我们搞港口码头的，一般都是大块大块地整体吊装，速度很快。"最终，林鸣率队只用不到一年时间，便将珠海大桥难度最大的中间段建造完成。

这座大桥让第一次担任项目经理的林鸣一举成名，还让他收获了一条终身受益的经验：做工程不能局限于既有领域，要结合其他领域，改革传统方式，不断创新。

初战告捷的林鸣开始准备修建珠海淇澳大桥。大桥位于海洋环境复杂得多的伶仃洋上，这一次林鸣没了好运气。"当时装备不行，经验不够，我也没有开好头。"林鸣说，"桥墩打了一个月，也没有打好；我们建的海洋平台，倒在了海里，又去打捞；当时这片海很漂亮，我提出填海，结果被填成了泥滩。"淇澳大桥项目进程缓慢，工程持续了八年，林鸣也在中途被撤换。

这是林鸣第一次见识到伶仃洋的凶猛。多年后，命运使然，港珠澳大桥岛隧工程项目部就建在了淇澳大桥旁边。林鸣有晨跑的习惯，他每天都要从自己的滑铁卢旁边跑过，借此卧薪尝胆。他许下一个愿望：将来一定要在建成的港珠澳大桥跑上一次……

"逢山开路、遇水搭桥"

著名桥梁专家茅以升说："从一座桥的修建上，就可以看出当地工商业的荣枯和工艺水平。从全国各地的修桥历史，更可看出一国政治、经济、科学、技术等各方面的情况。"如今，林鸣对记者说："经济发展，交通先行；交通发展，桥梁先行。"中国桥梁的发展，是新中国70多年发展的一个缩影。

1949年9月，中国人民政治协商会议第一届全体会议通过了建造武汉长江大桥的议案，后来成为"一五"计划重点建设项目。武汉长江大桥的修建与苏联有密不可分的关系。大桥设计组曾赴莫斯科请专家做技术鉴定，苏联也派出专家来华援助，并帮助改造山海关桥梁厂，中国钢桥技术迈进一大步。1957年，武汉长江大桥建成通车，毛泽东在诗词中称赞："一桥飞架南北，天堑变通途。"

1956年，国家作出建设南京长江大桥的决定。然而大桥修建期间，中苏关系恶化，苏联撤回所有专家，中国开始自力更生。中国工程师针对长江下游的复杂情况，设计了四种正桥基础建造方式。当时潜水员只能穿着简单设备，在深达65米的水下进行清基作业。由于苏联拒绝继续为中国供应桥梁钢材，鞍山钢铁公司在1963年自主研制出符合大桥建设要求的"16锰"桥梁钢，这是中国人的"争气钢"。大桥开工不久，又赶上了三年困难时期，周恩来特批南京长江大桥可以继续招工，购买设备，避免工程下马。1968年，大桥通车。1969年9月，毛泽东视察南京军区，站在大桥上问时任南京军区司令员许世友，大桥能否满足战备需要？为检验大桥质量，许世友从苏北调来一个装甲团，118辆坦克浩浩荡荡开过桥面，用震撼人心的方式验收大桥质量。

改革开放后，桥梁建设迎来春天。一些施工企业在援外工程或承包海外工程时，接触到国外20世纪六七十年代的先进桥梁技术。林鸣认为，经过20世纪80年代的积累，中国桥梁在90年代进入大跨径时代，上海南浦大桥是一个标志。"为了让黄浦江上的大船顺利通行，大桥建得有十几层楼那么高。"1991年，南浦大桥建成通车。也是在1991年，林鸣在珠海开启了他的桥梁生涯。

"到了新世纪，我们就开始拥有一些跻身世界前十的大桥了。到了2010年左右，我们基本追上了世界的脚步。"几座著名跨海大桥的修建，让中国追赶世界的步伐加速。2005年，全长32.5公里的东海大桥建成通车，这是中国第一座外海跨海大桥。2008年的杭州湾跨海大桥和2011年的青岛胶州湾大桥，刷新了世界跨海大桥的长度纪录。2018年10月23日，长度再破纪录的港珠澳大桥正式开通时，习近平总书记对大桥建设者们说："一个国家筚路蓝缕、坎坷奋进到今天这一步，逢山开路、遇水搭桥，你们是最形象的体现。"

林鸣认为，经过多年积累，中国在跨海桥梁建设上积累了丰富经验，日趋成熟。港珠澳大桥的最大难题是岛隧工程，这是中国此前尚未涉足的领域，"逢山开路、遇水搭桥"，正是林鸣的建设团队攻克难关的写照。

发明"半刚性"结构，以事实回应外国质疑

"整个工程做下来，最困难的是初期，一筹莫展。"林鸣回忆说。最初，岛隧工程项目部四处搜集国内外资料，只得到一篇发表在国外专业期刊上介绍沉管制作的文章和相关照片。接着，他们抓住一切机会，向有过沉管预埋工程经验的国际公司咨询，倒也有国外公司告知过一些施工操作要点，但支付的是高昂的咨询费。

向国外学习是降低工程风险的必要环节，按照项目部预想，下一步要与国外公司合作。但到了施工方案审核阶段，那些曾经接触过的咨询公司集体消失了。有一些是看到港珠澳大桥岛隧工程的施工难度后，望而却步；而有一些则是手握核心技术，漫天要价。一家掌握核心技术的荷兰公司，

不负责安装、不提供设备，只做咨询，就开价 1.5 亿欧元，当时相当于 15 亿元人民币。林鸣咬着牙说给他们 3 亿元人民币，只需要他们给一个框架，对方答："那就只能给你们唱首祈祷歌了。"对方还补充："如果这次合作不成功，再来找我们就不是这个价了。"

国外公司报价远远超过工程预算，项目部只得另寻他路，他们将目光转移到一些沉管隧道领域专家，不惜重金聘请。荷兰一位专家要求每天 1.2 万元人民币报酬，飞机头等舱往返，林鸣请来了；日本一位专家要求每天 9000 元人民币报酬，五星级酒店住宿，林鸣也请来了。

不过，专家终究只能提供一些个人经验，项目部所得无异于管中窥豹。"我们只好从'头脑风暴'开始，漫无目的地讨论问题，最终找到一些技术点和大致的攻克方向。"一面是重金买技术，一面是白手起家，两条路都不容易走，林鸣和项目部选择了后者。

和修建珠海大桥类似，没有得到外界帮助的林鸣，反而摆脱了很多成熟经验的束缚。工程第一步，是在隧道两端修建两座十万平方米的人工岛，最稳妥的办法是筑堤围岛，但要花掉两年半时间，而整个工程仅有七年时间。林鸣大胆提出将 120 多个巨型钢圆筒插入海床围岛，最终这一方案创造了不到一年时间快速成岛的纪录。当时，世界上成熟的沉管隧道结构有刚性和柔性两种，但都不适合港珠澳大桥，林鸣将两种结构的优点结合起来，发明一种"半刚性"结构，这个方案遭到国内外很多专家的质疑，外国专家甚至说："你们有什么资格创造一种新结构？"但最后事实证明，只有这种结构最适合。

沉管 E15 的两次回撤

岛隧工程的海底隧道由 33 节沉管构成，每一节沉管从 E1 到 E33 被命名，每节重达近八万吨。从安装 E1 到 E33，发生了不少惊心动魄的故事。

林鸣有一颗"大心脏"。2000 年，润扬大桥开工建设，需要开挖锚碇，其中悬索桥的北锚碇由近六万平方米混凝土浇筑而成，这需要先挖一个 9 个半篮球场大、16 层楼高的大基坑，工人在大坑深处作业。而大坑外面，就是汹涌奔腾的长江。在挖到 20 米时，出现漏水情况，此时一旦水涌进来，所有人都会被吞没，后果不堪设想。工人们都被吓跑了，后来经过论证得知，这是地下水，不是长江水，但没有工人敢回来。林鸣拿起小板凳，坐到坑底，以此告诉工人，坑底安全性是经过反复论证的。后来，润扬大桥如期通车，林鸣也因此得名"定海神针"。

在伶仃洋上，林鸣也是一枚"定海神针"。

在所有管节中，命运最曲折的是 E15。2014 年 11 月 15 日，E15 从船坞出航，准备安装到提前挖好的海底基槽中。出航当天，海底基槽发现 3—4 厘米的淤泥，在这种情况下铺设，会造成对接精度偏差。不过出发前，前方潜水员说淤泥减少了，于是项目部决定出发。

E15 到达指定位置，坏消息传来：基槽淤泥再次增多。有人根据国外经验，认为对接虽会有偏差，但不影响工程质量。林鸣却不这么看，管节一旦沉入大海，出现问题后果不堪设想。但是，放弃安装的决定也不容易做，因为回拖费用高达数千万元，而且沉管回拖在世界上没有先例，后续还需挖掉淤泥重新铺设海底基床。林鸣还是痛下决心：回航。他不能用大桥质量作赌注。

2015 年 2 月 24 日，E15 再次出航。出发前，一切监控数据正常。但船队即将到达施工现场时，前方竟传来比第一次更糟糕的消息：基槽有超过 2000 平方米的淤积物，占到整个管节总面积的 1/4，泥沙厚度达到八九十厘米。这个消息像晴天霹雳一般，"可我们还是要适应，而且从心理上进一步加强对它的适应，我们面临的挑战非常大"。林鸣再次作出回撤的决定，现场很多人哭了。

项目部后来分析认为，这次淤积物产生的原因是海底基槽边坡上的回淤物"塌方"。项目组下决心建立一套回淤预警预测系统。3 月 24 日，E15 再次出海，经过多轮调整后，终于与 E14 精准对接。

E15 对接后，林鸣产生了一个强烈的愿望：建立一台高精度清淤设备，既能把 50 米深基床上的淤泥清理干净，还不会移动基床上的石子。他们仅用了四个月便研制出这套设备。后来在安装 E22 时，遇到了和 E15 相似的情况，在这台设备的帮助下，E22 并没有遭遇 E15 那样曲折的命运，而是顺利完成对接。

挫折造就了一项新技术诞生，中国海底清淤技术向前迈进一大步，岛隧工程进度也大幅加快。2015 年底，随着 E24 精准安装，港珠澳大桥创造了一年完成十个管节安装的世界纪录。

"取一部残经回来，会后悔的！"

经过四年的努力，33 节沉管全部安装完成了，岛隧工程的最后一步是安装连接 E29 与 E30 之间的最终接头。2017 年 5 月 2 日 22 时 30 分，百余位记者见证了最终接头的吊装沉放，并第一时间向全世界报道了港珠澳大桥海底隧道全面对接完成的消息。

但从工程角度说，只有最终接头贯通测量数据合格，才意味着隧道对接完成。但整整一个晚上，贯通数据迟迟未出，第二天清晨 6 时，林鸣按捺不住了，打电话给测量人员。测量人员半天说不出话来，林鸣感觉事情不妙，逼问之下，他得知：贯通数据显示，偏差在十厘米以上，不过沉管结构并未受到影响，内部滴水不漏。

8 时，项目主要负责人都赶到了现场，看到了现场测量结果：横向偏差

17厘米。"都说说吧！"林鸣让每个人都发表意见，大家普遍认为17厘米的偏差没有超出设计范围，而且最终接头的安装没有先例，国内外都没有权威参照标准，更重要的是，隧道内部并未漏水，所以这样的偏差是可以接受的。

港珠澳大桥涉及香港、澳门和珠海三地政府，施工遵照"就高不就低"原则。七年里，林鸣对所有细节极尽严苛，工程到最后一步，这个偏差无异于是他的眼中钉、肉中刺。"九九八十一难都过了，最后取一部残经回来，会后悔的！"林鸣说。

两种选择摆在面前：第一，就此收尾，最终接头的17厘米偏差永远存在，但不影响使用；第二，将最终接头取出，重新安装。但第二种选择又面临一个巨大风险：一旦重新安装失败，整个工程将功亏一篑。

"重新对接！"所有人发言结束后，林鸣一锤定音。记者采访林鸣时，很难理解他的决定："既然滴水不漏，不影响使用，为何还要冒着巨大风险重新安装呢？"林鸣说："如果不这样做，中国工程师就没什么特点了。"多年来，林鸣接触过的国外同行普遍对德国、日本工程师的作品、技术和工匠精神高度认可，而中国工程师在同行眼中往往非常"粗糙"，"一些同时期建造的大桥，国外的还很结实，中国的却需要修整了"。

"别人这么说我们，我们中国人心里肯定不舒服。"当时，全世界都在关注着最终接头，这17厘米偏差无疑会加深外界对中国工程师"粗糙"的刻板印象。林鸣痛下决心，一定要将这个黑标签抹去。

林鸣这样做，不是为了赌一口气，而是来自对中国技术的自信。这个最终接头前前后后研制了三年时间，可实现逆向操作，相当于可以服用一剂"后悔药"。决策会后，逆向操作开始了，一切按部就班地进行。

不过，惊心动魄的一幕还是发生了。晚上7时，最终接头与管节中间的水密门漏水了，水柱有6米多高，这大大出乎监控室内工作人员的意料，一旦"大堤决口",整个工程的工期将大大延长。

"定海神针"林鸣再次出现。他让现场人员紧急查明事故原因,最终发现是焊接口崩掉了一个缺口,而整体结构并没有受影响。这回林鸣没有开会,而是当机立断,继续安装。他将所有人的注意力拉回到技术分析层面:"焊接出了问题,不会影响大局,要继续干。"

最终接头四日完成精调。2017 年 5 月 4 日 20 时,林鸣收到最终贯通数据:东西向偏差 0.8 毫米,南北向偏差 2.5 毫米。毫米级偏差,这是让人不可思议的精确度!

当我们走进林鸣的办公室,第一眼就看到墙上悬挂着四个醒目的大字"平安是福"。他的办公桌上,整齐堆放着书籍和资料,还摆着一张大桥施工的照片,上面写着"鸡蛋里挑骨头"。这本是一句工作人员对他的抱怨,他却摆在自己每天可以看到的醒目位置。其实,"鸡蛋里挑骨头"和"平安是福"本来就是一回事,正是这种苛刻才造就了港珠澳大桥的卓越。

2018 年 1 月 1 日清晨,林鸣像往日一样开始晨跑,与以往不同的是,这次他的脚下不再是淇澳大桥,而是刚刚竣工的港珠澳大桥。他的脚下还是那片伶仃洋,但他再也不必"望洋兴叹"了。他花了三个多小时,一口气跑了 29.18 公里,成为这座大桥上的第一位跑者。

70 多年,中国桥梁从未停止奔跑,从世界桥梁的跟跑者一路跑成了领跑者。

（文 / 杨学义）

"第三代航天人"周建平：
中国空间站向全世界开放

周建平，1957 年 1 月出生于湖南沅陵，中共党员，中国工程院院士。现任中国载人航天工程总设计师，中国宇航学会理事，中国科学技术协会常委。历任中国载人航天工程办公室总体室室主任、研究员，中国酒泉卫星发射中心总工程师，中国载人航天工程发射场系统总设计师。

> 这其实就是中国载人航天的核心价值之一——相信人的能力。
>
> ——周建平

2019 年 7 月 19 日，中国天宫二号空间实验室完成了自己的历史使命，受控离轨、进入大气层，少量残骸落入南太平洋的预定安全海域。这标志着中国载人航天工程空间实验室阶段的所有任务圆满完成。

当天下午，这项工程的总设计师周建平接受了记者的采访，既讲述了中国载人航天工程的"三步走"战略，也袒露了自己作为"第三代航天人"的心路历程。

"三步走"只剩最后一步

把时间指针拨回 1992 年 9 月，中国开始实施载人航天工程并确定了"三步走"发展战略：第一步，发射载人飞船，建成初步配套的试验性载人飞船工程并开展空间应用实验；第二步，突破航天员出舱活动技术、空间飞行器的交会对接技术，发射空间实验室，解决有一定规模的短期有人照料的空间应用问题；第三步，建造空间站，解决有较大规模的长期有人照料的空间应用问题。

那一年，还是国防科技大学教师的周建平，参加了载人飞船工程技术、经济可行性论证。之后的 27 年里，中国载人航天事业从无到有、从弱到强，周建平也从大学校园走入航天人队伍，2006 年起担任工程第二任总设计师，参与并见证了中国载人航天的发展历程。

现在，空间实验室阶段的完成，意味着"三步走"战略已经进入了最后一步——建立我们自己的空间站。

"中国空间站的核心舱已经完成了初样研制，预计于 2020 年发射，全站预计于 2022 年建成。"周建平对记者说。建成后，中国空间站将向全世界开放，第一批国际合作的九个项目已于 2019 年 6 月 12 日公布。

在记者眼中，作为载人航天工程总设计师的周建平，言谈举止间有种举重若轻的淡定。他不大谈论自己的工作和生活，当记者问起时总是言简意赅地叙述，正如一代又一代中国航天人留给国人的印象——事了拂衣去，深藏身与名。

中国航天史始于 1956 年。当年 2 月，著名科学家钱学森提出《建立中国国防航空工业的意见》，两个月后，中华人民共和国航空工业委员会成立，标志着中国航天事业的开始。

周建平将中国航天人分成三代："钱学森等老一辈科学家是第一代，他们大多是新中国成立后从海外回来的，是中国航天事业的奠基者；第二代是 20 世纪五六十年代大学毕业的，比如我们载人航天工程的第一代总师王永志、神舟飞船总师戚发轫、火箭系统总师刘竹生，等等；第三代是'文化大革命'结束后大学毕业的这批人。"

第一代航天人带领第二代完成了"两弹一星"；第二代航天人带领第三代研制出了长征系列运载火箭和一系列通信、遥感、气象等卫星；现在，以周建平等科学家为代表的第三代航天人，正带领更多年轻人努力完成自己肩负的历史使命。

"我们科研团队里的很多航天工作者只有 30 多岁，他们可是队伍的主体啊。年龄结构可以说明，中国的航天事业进入了大发展时期。"

航天教授的机缘

其实，周建平接替王永志成为载人航天工程总设计师时，还不到 50 岁。

那是 2006 年。周建平上任后的第一个任务，就是要将神舟七号飞船发射上天。两年后，这个目标实现了。周建平清楚地记得，2008 年 9 月 27 日，当航天员翟志刚首次太空出舱时，发生了一个小小的"意外"——翟志刚拉舱门时，舱门并没有马上打开，好不容易拉开一条缝，却又立刻合上了。

当这一幕出现在直播画面中时，周建平并没有询问在一线的工作人员出了什么问题，而是镇定地坐在自己的位子上，等候航天员开舱门。过了几分钟，翟志刚顺利出舱。

"我当时想了想研制过程，想了想图像和数据，觉得没有问题。因为我们为了出舱做了大量试验，也做了各种方案和预案。不过就是开舱时间长一点、多花一点力气，应该相信我们航天员的素质和能力。这其实就是中国载人航天的核心价值之一——相信人的能力。"

周建平能走入航天人队伍，也来自前辈的信任。事实上，他的人生经历反映了中国社会 60 多年的发展变迁。

1957 年，周建平出生在湖南省沅陵县，少年时代正逢"文化大革命"，学校经常停课。但由于知识分子上山下乡，一批毕业于中国顶尖大学的老师来到了他所在的学校。

初中时，一位老师看到周建平聪明又好学，就找来高中教材让他学习，后来为他又找来了大学数学、物理教材。遇到不明白的地方，老师还会找懂的人来教他。周建平回忆说，从小学到中学，老师们对他的影响很大，让他意识到学习不是为了追求 100 分，而是追求更多的知识、更充实的生活。他为自己感到幸运，因为"这批有远大抱负的青年知识分子教学生怎么做人，教学生有追求"。

中学毕业后，周建平下乡成为一名知青，后来被招工，做了一段时间的矿山井下工人。1977 年恢复高考，他在上班之余复习了一个月，考上了长沙工学院（国防科技大学前身），学习飞行器结构强度专业。本科毕业后，周建平考入大连工学院攻读工程力学硕士，之后又回到国防科技大学读博，1989 年留校任教，35 岁时被评为航天技术系教授。

1992 年 1 月，国防科工委组织各方面专家，对载人飞船工程进行技术、经济可行性论证，当时的总师王永志看中了周建平。

"那个时候我还比较年轻，之前没有任何思想准备。学校正在放寒假，论证组一个电话打过来，我就去参加了那次论证工作，一共有半年时间。"周建平对记者回忆道。

论证涉及各个专业，初来乍到的周建平对这项工作并不熟悉。"当时我们组就我一个年轻人，30 多岁，其他都是很有经验的老同志，所以我就多干活儿、多学东西，一边学一边干。"

最年轻的周建平和责任最大的王永志是在论证工作结束后最迟离开的。"王总是技术负责人，他完成不了工作肯定不能走，我负责帮王总整理材料和报告。就这样完成了我第一次参加大型航天工作的经历。"

论证结束后，周建平回到国防科技大学，不久后被公派出国留学。1995 年，周建平回国，继续回校工作。四年后，时代又给了他一个机会。

"1999 年时，'文化大革命'前的大学毕业生已经五六十岁了，航天人才出现了断档，队伍需要新鲜血液。"当时，载人航天工程办公室需要一名总体技术室主任，想起了周建平。"又是一个电话打到国防科技大学，我第二次也是正式加入了载人航天队伍。"

这一次，周建平再也没有离开。他接过了前辈们的担子，沿着七年前制定的"三步走"目标走到今天，并将见证它的实现。

"质量标准没有商量的余地"

加入载人航天队伍第一年，周建平就参加了神舟一号发射任务。这是我国载人航天计划中发射的第一艘无人实验飞船，意义重大。

"中央给第一艘飞船定的发射期限是'争八保九'（争取 1998 年、确保 1999 年发射）。但因为飞船技术是从零开始的，我国的制造业基础也很薄弱，'保九'的目标进度变得比较紧张。"周建平对记者回忆道，"那时真是历尽艰辛。神舟一号试验队最早进发射场的队员在那里待了差不多五个月。主力部队进场后，测试过程中相继发现、发生了若干质量问题，大家压力很大。经历了很多事情，最后终于发射成功，而且比我们预想的还好，当时老同志们都抱在一起哭。"

早期的载人航天工程由于基础薄弱，中国航天人只能在摸索中前进，在失败中总结教训。2002年1月，神舟三号飞船从北京运抵发射场后不久，在电测试验中，研究人员发现电气设备接插件存在问题，1000余个触点有一个点不能导通，发射因此被取消，几百人从发射场撤回。

"撤场是之前我们中国航天发射从来没发生过的事，当时很多人是含着眼泪走的，后来我们用三个月解决了问题。"这次事件给大家牢牢打下了质量第一的理念，"载人航天的质量标准没有商量的余地"。

在大众印象里，从事特殊工作的中国航天人，和家人是聚少离多的。听到这种说法，周建平摆了摆手："也不能这样说，不准确，咱们要实事求是嘛。"略一沉吟，他又补充了几句："航天队伍的同志确实要为工作付出更多，家人也要承担更多。我们每年都要去发射场，一去就是好几个月，而不去发射场的时候任务又很紧。按我们的说法，是'五加二，白加黑'。"

除了时间紧，工作强度也很大，一旦忙起来，不仅顾不上家人，连自己的身体健康也顾不上。周建平透露，曾经有一位总师生病，需要打吊针，但他没时间去医院，就挂着吊瓶开会。

但航天人的心毕竟不是铁打的。周建平说，大家什么都可以不管，最放不下的是孩子。"有的女同志，孩子上幼儿园或者中小学，一走就是几个月，她的家庭要付出多少啊。有的孩子要小升初、初升高，孩子的教育也让人放心不下。"

虽然举的都是别人的例子，周建平自己也是一样。因为工作，他抽不出太多时间陪伴孩子成长。不过，周建平有一套"无为而治"的教育理念。

"考第一有随机性，为什么非要考100分？追求优秀无可非议，但不能把它当成唯一的选择。"周建平从未让自己的孩子上过课外辅导班。在国防科技大学任教时，不少同事想方设法把孩子送到更好的学校，他的孩子却从小学到初中都在国防科技大学的附属学校就读。

尽管被"散养"长大，周建平儿子的成绩却很出众——在全国物理竞赛中获过一等奖，被保送至清华大学。但在周建平看来，孩子的成长不是上名校就能解决的，家庭的正面影响力才是让孩子终身受益的东西，而父母的首要责任是引导孩子做人。"应该让他们快乐成长，只要把自己的事情做好了，何必要求那么完美呢？"

"探索太空和宇宙是人类共同的事业"

从无到有的一切努力，都是为了载人航天工程的最终目标——建造中国空间站。天宫二号正是为了试验空间站的关键技术而发射的空间实验室。周建平说，2022 年将完成空间站三个舱的建造，加上已有的、为空间站运送航天员的神舟飞船，以及为空间站运送物品的天舟货运飞船，中国空间站将构建起一个完整的体系。

如果目前的国际空间站（1998 年建站，由 16 个国家共同建造和使用，但不包括中国）不延长使用寿命，很可能面临着退役。这意味着，在未来一段时间内，中国空间站可能是世界上唯一的空间站。

不过，中国并不打算独享空间站资源。2016 年 3 月，中国与联合国签署了利用中国空间站为各国提供实验机会的备忘录。2018 年 5 月，中国载人航天工程办公室与联合国外空司联合发布公告，邀请联合国各成员国参加中国的空间站科学和应用研究计划。中国空间站将为项目申请方提供免费的上行发射和空间站运行机会，以及测控、回收等保障性服务支持，研发经费由项目申请方自行承担。

公告发布后，共收到来自 27 个国家的 42 份项目建议书。经过一年的评审，共有来自 17 个国家、23 个实体的九个项目成功入选。周建平正是合作项目国际评审专家组组长。

谈到评审标准，周建平表示评审组主要从必要性和可行性两个方面考虑："太空实验资源太宝贵了，有些项目在地面就可以完成，不必到太空做；有的代价过于高昂，所以也无法通过。"

已跻身航天大国之列的中国，曾被排除在国际空间站之外。美国国会早在2011年就立法禁止与中国进行任何形式的航天合作，禁止美国航空航天局接待中国官方访问者，拒绝中国参与由多国共建的国际空间站项目。

自力更生、艰苦奋斗发展起来，现在则要把中国空间站资源与他国分享。有些网友想不通。

"这样想就太小气了。中国空间站是向全世界开放的。君子坦荡荡，我们不能因为过去人家对我们怎么样，我们就用同样的方式对他。探索太空和宇宙是人类共同的事业。中国政府一直秉持和平利用太空、合作开放共赢的宗旨，我们要本着这个原则追求自己的目标。"

2019年是人类登月50周年。提及登月，周建平说自己也十分向往。"我相信，本世纪月球、火星都将成为载人飞行的目的地。当然，第一步的目标应该是月球，这值得我们为之不懈努力。载人航天的价值是独特的，人到哪儿，人类文明就到哪儿，这将为我们提供新的发展机会。"

（文／尹洁、贾宇帆）

北斗设计师谢军：

16 年送出 43 颗星

谢军，1959 年出生于山西临汾，1982 年毕业于国防科技大学电子技术系雷达专业，获学士学位，1987 年获中国空间技术研究院通信与电子系统专业硕士学位。历任航天科技集团五院 504 所副所长、所长，北斗二号导航卫星总设计师，现任北斗三号工程副总设计师、卫星首席总设计师。

> 成功是差一点的失败，失败是差一点的成功。
>
> ——谢军

谢军身上透着股"前浪"的淡定劲儿，不疾不徐地接受采访，云淡风轻地回忆自己的航天梦，羞赧地回应被视为新晋"偶像"这件事。和记者聊着聊着，办公区的广播体操时间到了，广播声传来，他还提醒，是不是暂停一下采访，耐心等这一段过去。

北斗三号"收官之战"圆满落幕，这项举国振奋的科技巨制，在眼前这位说话慢悠悠的长者面前，在他这间没有半点科技感的办公室里，突然接地气了很多。

2020 年 7 月 31 日上午，北斗三号收官之星成功发射一个多月后，北斗三号全球卫星导航系统建成暨开通仪式在人民大会堂举行。中共中央总书记、国家主席、中央军委主席习近平宣布："北斗三号全球卫星导航系统正式开通！"

深邃夜空，斗转星移。从 2000 年 10 月北斗一号第一颗试验卫星成功发射，到 2020 年 6 月 23 日北斗三号最后一颗全球组网卫星升空，20 年来，44 次发射，中国先后将 4 颗北斗试验卫星，55 颗北斗二号、三号组网卫星送入太空，开启了中国"星网"导航全球的时代。

作为北斗二号卫星总设计师，北斗三号工程副总设计师、卫星首席总设计师，谢军参与北斗项目的 16 年间，经手的卫星多达 43 颗。手心手背都是肉，没有哪一颗让他"省心"过。

"即使顺利上天了，要操心的事儿还是很多。"说起卫星，谢军完全一副慈父模样。

星箭分离之后，太阳翼展开，卫星入轨变轨，然后回传信号，就算这套流程都顺利通关，卫星在天上还有 10—12 年的工作寿命，这期间稍有差池，就是麻烦事儿，解决起来也比在地面上难多了。

在谢军心里，培育卫星就像养孩子，从生、养、育，到读书、成家、立业，孩子走多远，老父亲都少不了牵挂。"唯一不同的是，孩子离家了还能常回来看看，卫星的属性决定，它们一走就不会再回来，联系就只能通过无线电信号。"

"最后一棒"不容许有意外

2020 年 6 月 23 日北斗三号收官之战的成功，来之不易。

倒不是因为它的技术难度。北斗三号共计 30 颗卫星，包括 24 颗地球中圆轨道（MEO）卫星、3颗倾斜地球同步轨道（IGSO）卫星、3颗地球静止轨道（GEO）卫星。收官的这颗是GEO卫星，属于功能最复杂的一种，但因为之前已经成功发射过两颗，所以技术不是问题。

大家对收官之星满满的期待，才更是一种压力。中国人讲究圆圆满满，前几次都成功了，绝不能在最后一棒上出意外。

而技术成熟远不是成功的保障。航天界流行的一句话——一次成功不代表次次成功，别人的成功不代表你能成功。谢军的解读更为苛刻，他说："成功是差一点的失败，失败是差一点的成功。有人常说，'差一点我就成功'，但差一点也不行。"

"差一点的成功"在上半年密集出现。3月16日，新一代运载火箭长征七号甲首飞失利；4月9日，长征三号乙发射印尼PALAPA-N1通信卫星失利。

别人的产品出了问题，谢军就举一反三地"纠察"自己的。他们有一套相当严格的核查机制——"四查两想"，即四次复查，加上对过去的回想和对下一步的预想。一套流程下来，基本能堵住所有可能出现的纰漏。

可即使再严格，需要紧急堵漏洞的时刻，谢军这些年也没少经历。

2007年4月北斗二号首颗卫星的发射，是谢军的"北斗史"上最惊心动魄的一次。当时的卫星担负了两项任务，一是由北斗一号有源定位到北斗二号无源导航的技术跨越，是一次全新尝试；另外，在2000年我们已经向国际电联申请了北斗二号在太空的导航信号频段和轨道，也就是提前占好了一个"坑"，却迟迟没有卫星发射上去，"坑位"有效期就保留到2007年4月17日。

匆忙上马的卫星果然出了问题。

卫星已经跟火箭对接，被送上了发射塔架，进入按天倒计时阶段。箭在弦上之时，卫星上的应答机突然出现了问题，这意味着上天后的卫星可能面临"失联"的风险。所有的抢救工作都是在高空塔架上完成的，工作人员将卫星整个拆开、检查、重装，就像医生踩在钢丝绳上做手术。检修工作日夜不停，最终这颗卫星在 4 月 14 日成功发射，两天后发出信号时，距离最后的有效期限只剩不到半天时间。"风险太大，这样的情况在整个中国航天史上也不常见。"提起那次经历，谢军还有些激动。

还有一次，谢军在接收供应商产品时，发现一台非常重要的星上设备出现了 1 纳秒的不正常跳动。1 纳秒是什么概念？ 1 纳秒是 10 的负 9 次方秒，假如一个时钟每天变化 1 纳秒，300 万年之后才会累积变化 1 秒。听起来微不足道，但对于高精度的卫星导航系统来说，是致命的。"这一纳秒的误差，在回传信号时，可能被放大一倍，导致原本 10 米的定位精度变成 20 米，使整个系统的服务大打折扣。"没有商量的余地，谢军果断地打回重做。

"干航天，质量是要命的事儿。"这样的例子谢军随口能举出四五个，正是这样的锤打，让航天人对质量执念很深，"非常不愿意碰到质量问题，但是每一次出问题，都感觉还是工作没做到位"。

2020 年北斗收官之星经历的波折也不小。首先需要在符合疫情防控要求前提下调拨人员到西昌发射中心。其次，6 月 16 日因为搭载卫星的运载火箭出现问题导致延迟发射，也让好事多磨了一次。

火箭在重新检测的过程中，身在西昌发射中心待命的谢军也没有坐等，继续重检卫星。就像考生只要没上考场，总感觉没有准备充分。仅仅一个星期之后，经过检修的火箭，搭载着北斗三号的收官之星，顺利升空，完成北斗三号的全面组网工程。

"安利"北斗需要奇思妙想

大众对北斗的最初印象，可能源于 2008 年汶川地震。当时的新闻报道中，第一次提到北斗导航系统如何帮助失去信号的震区开展搜寻工作。

但在谢军看来，汶川出手只能算北斗的一次非正式见面，真正让北斗"名正言顺"走向前台的日子，他终生难忘——2012年12月27日，也就是国务院新闻办公室召开第一次北斗卫星导航区域系统建成新闻发布会的日子。

这次对北斗的"公开正名"，让谢军的自豪和振奋之情溢于言表。不过，这是荣耀也是压力，"公开宣布相当于对公众许下了承诺，我们下一步只能走得比这一步更好更稳"。

北斗之名，横空出世，背后是一段恢宏磅礴的"中国星座"建造史。

全球卫星导航系统被誉为"人类在太空中的眼睛"，谁拥有了这双"眼睛"，就能更准确地看清这个世界以及自己的位置。20世纪90年代，美国GPS导航系统24颗星已全部部署完成，同时俄罗斯的格洛纳斯、欧洲的伽利略系统也投入运营。

1993年，中国商船银河号在公海航行的过程中，GPS信号无故被中断，导致搁浅了近三周。这让中国人意识到，作为航天大国，必须有自己安全独立的时频基准系统，一定要把卫星导航系统搞上去。

说搞就搞，第二年，北斗一号系统正式启动建设。

从北斗一号数年研制一颗星，到北斗二号三年研制15颗星，再到北斗三号一年发射18颗星，"一颗星"变"满天星"，北斗的"问天"之路堪称神速。

北斗闪耀，泽沐八方

面对阶段性的胜利，谢军丝毫不敢松劲儿。除了要对在轨卫星进行定期检修，继续备用星的研制和发射之外，谢军现在的一个新身份是推销员。

中国的北斗，相对于国外的几个卫星导航系统，有许多独特之处。除了拥有一般卫星导航系统的导航定位和授时服务之外，北斗还具备短报文、通信位置报告、星基增强等功能。为了物尽其用，谢军希望更多的企业用户可以认识北斗、体验北斗。

接受记者采访时，只要一说到应用层面，谢军就抓住一切机会"安利"北斗。

"北斗的应用需要想象力，比如小学生的定位手表、宠物的轨迹巡查，还有现在 70% 的国产智能手机都装载了北斗导航信号的接收和处理芯片。我刚知道共享单车的电子围栏用上了北斗，也是一个奇思妙想。"

2020 年的北斗格外活跃，疫情中火神山、雷神山医院的修建，源于北斗为复杂地形地貌实现高精度定位、精确标绘；5 月，中国登山健儿再登珠穆朗玛峰峰顶，同样以北斗数据为主；在工业互联网、物联网、车联网等新兴领域，北斗没有一样缺席。

用谢军的话说，卫星离你虽然很远，但是实际上跟空气一样，无形中人们就已经离不开它了。

没有时间"仰望星空"

从事航天事业 40 余年，谢军一直说，是自己赶上了中国航天事业高速发展的快车，所以这一路才走得特别顺。

1982 年，毕业于国防科技大学电子技术系雷达专业的谢军，入职中国航天科技集团五院（简称"五院"）504 研究所。在那里，他从钻研天线的天线设计师做起，逐渐走入数字信号、通信卫星领域。

2003 年 9 月，两个来自北京的电话改变了谢军的人生。打第一个电话的是时任五院院长袁家军。他对谢军说："院里决定调你担任北斗二号的技术总师。"

时任 504 所所长的谢军知道这份工作的重要性，还有些犹豫。几天后，谢军的老领导、五院常务副院长兼北斗二号总指挥李祖洪的电话来了："你别犹豫，现在北斗二号的任务很紧迫，难度很大，赶紧来。"

当年 12 月，北斗二号项目组成立，谢军走马上任，开启了与北斗的 16 年之缘。

现在说起来，他形容自己仿佛是"掉到一个坑里了"，北斗二号完结，还有三号，三号以后可能还有更多任务等着他。漫天星海，无穷尽也。

航天事业既严谨又浪漫。探月的工程叫"嫦娥"，为人类导航定位的命名"北斗"，探测火星的又援引屈原的诗句称之为"天问"……每一个名字都隔着漫漫的岁月而来，有着只手摘星辰的豪情。

而航天人的这份浪漫可能仅限于工作中。一头扎进卫星的星海，谢军就开启了他的"996"模式。他基本不坐单位的班车，因为就没有按时下班的时候。

他常跟单位的年轻人说，"埋头苦干的同时，别忘了抬头仰望一下星空"，但也只是嘴上说说，自己很少有机会抬头。

有段时间，他跟妻子约定，每个周末选北京一个没去过的公园遛一圈，结果没坚持几个回合，他就投降了，原因是"犯懒"。

航天工作的高强度和高集中性，让谢军珍惜点滴可以抽身的时间，"在我们这种工作氛围里，不由自主就会对生活犯懒，能歇一会儿的时候，还是窝在家里舒服。"每天工作之余，瘫在沙发上看看"骗人"的老套电视剧，修剪一下花花草草，就是他最放松的时刻。

谢军多年来一直有个去云南泸沽湖走一趟的心愿，因为听说那里的水像天一样澄澈，至今这个心愿也没实现，他就敷衍着一句"去不了泸沽湖，去别的湖也行吧"。

就这样，他推着北斗大步向前，又被生活在背后推着走。在卫星的世界，他严苛慎行；在自己的世界，他"得过且过"。

谢军说，这么多年感到最无力的时候，就是"时间紧任务重，但又一丁点都不能降低要求"，这是一个矛盾。在出现疑难问题时，我们是停下来打乱既定日程，还是带着风险往前走，这也是一个矛盾。卫星升天，没有万事大吉，反而可能是另一个麻烦的开启，亦为一个矛盾。

灿烂星空，北斗闪耀。卫星的终点是浪漫琼宇，谢军的终点又是起点。

（文／陈佳莉、范雨莹）

"红桃皇后"杨丽芝：

舔石头知水量

杨丽芝，1966年出生于湖南沅江，中国地质大学（武汉）毕业，地质工程博士，现为山东省地质调查院研究员。

> 我不仅要献青春，还要把一生献给地质事业，才衬得上我心里的那份热爱，那份浪漫主义。
>
> ——杨丽芝

秋风吹落一地金黄，她随手一拍，惊喜"满地都是小星星"；午后下起淅沥的小雨，她脱掉鞋子打起赤脚，感叹"雨飘落在光脚上，舒适了时光"；连家中绿萝干得只剩下三片叶子时，她都能满怀期待，说出"我依然相信你能够绿满盆，因为春天已经来了"。翻看这样的朋友圈，记者很难相信，主人竟是一位过了知天命之年的地质专家。

"哈哈，那搞地质的该是什么形象？五大三粗鲁莽汉？"朋友圈主人、山东省地质调查院研究员杨丽芝的反问让记者哑然失笑。或许，安全帽、小锤头外加冲锋衣的"标配"只是外行人赋予地质工作者的刻板印象，仅仅停留在表层，而对美好事物的热爱与永不枯竭的好奇心才是成就一位优秀地质人的本质所在。"我才50多一点，还能再干30年，不然怎么叫'为地质献一生？'"半百年纪，绝大多数地质人早已告别一线，甚至已经进入颐养天年的人生新阶段，杨丽芝依旧豪情满怀。

土方法解决大问题

和杨丽芝见面，是在她的办公室。虽然叫办公室，但杨丽芝的主战场并不在这儿，一年365天，她有超过300天都在野外作业。窗台上整排的吊兰暴露了这一内情，吊兰耐旱、好养活，长时间没人照顾，依旧能够绿意盎然。角落里，堆放着几方砚台大小的深灰色石头，这正是记者此行前来的目的。

突然有一天，杨丽芝因为石头火了。钻井旁，她随手抱起一块刚刚"出土"的石头，伸出舌头舔舐。这幅"女博士舔石头测水量"的照片传遍网络，该话题在微博短期阅读量达到8000多万，杨丽芝成为名副其实的"网红"。有人质疑她作秀："没有专业仪器，仅凭感觉，怎么能测出水量？"更多的人是好奇："测的是什么的水量？为什么可以靠舔石头测出来呢？"

就在记者要向她一探究竟的时候，杨丽芝的"90后"小同事走了进来，问："杨工，口感我还是分辨不清，您能再教教我吗？"于是，照片上的那一幕再现了。杨丽芝指导小同事："你再对比一下，砂质的能储水，如果觉得黏，那就是泥质的，不储水。"小同事抱起石头，仔细体味舌尖上的细微区别。记者方才听出些门道，原来，杨丽芝要靠舌头去辨别的，并不是石头中水的含量，而是石头的材质。

常年奋战在"找水"一线的杨丽芝有自己的经验，通过舌头的触感以及湿印判断石头的结构构成。如果湿印很快消失，说明石头颗粒结构粗，含水量相对较高；湿印消失得慢，说明石头颗粒结构致密，水分子不易储存，含水量相对较少；如果黏舌头，含水量就更少。

"常规作业时，含水量的检测要依靠酸性试剂，但勘探现场往往在偏远山区，仪器和制剂很难随身携带。测不出岩层含水量，就没办法判断地下水存储情况，也就无法知道钻井打到了哪个岩层，这种时候，只有依靠土方法来解决大问题。"2014年，杨丽芝承担"山东省1∶50000水文地质普查"工作，在沂蒙山区勘探现场进行调研时，一处钻井旁，她不自觉地蹲下，随手抱起一块刚被打碎带出的地下岩芯舔舐。常年跟踪报道地质新闻的随行记者吴文峰恰巧捕捉到这一幕。2019年，在地质出版社举办的"寻找最美资源人"摄影展中，吴文峰将照片作为参赛作品投送，让杨丽芝意外成为"网红"。

就在记者采访杨丽芝的过程中，吴文峰带来一个好消息——由于长时间野外作业，地质工作者缺少娱乐方式，打扑克成为他们调节气氛的最佳选择，因此出版社决定将此次摄影展的获奖作品印制成有地质人特色的扑克牌，并将"红桃皇后"的位置留给了杨丽芝。

从"丽伢子"到杨博士，再到杨工、杨局长，杨丽芝已经在水文地质行业跋涉半生，足迹踏遍祖国的山川大河，为城市建设及保水工作出谋划策，为乡村储水和水环境治理倾洒心血，是名副其实的地质"红桃皇后"。

女地质队员该有的模样

和"野外"两个字相关的人物形象，通常什么样？笑傲丛林的人猿泰山，体形健硕的户外探险家，还是纵横驰骋的极限运动爱好者？杨丽芝和他们都不一样。这个生在洞庭湖畔的湘妹子有着南方女子的典型身材，纤细、小巧。因为个子矮，她还得了个"卧倒"的绰号。

1994年，杨丽芝作为科技骨干参加"山东省新泰市羊流宫里楼德水源地详查"项目。寒冬腊月的一天，她和几名男同事一同到河边观察水流量。荒郊野外，没有任何遮蔽物，大风肆意咆哮，裹着大号军大衣的杨丽芝只有努力逆风奔跑才能艰难前行。体重轻，军大衣又限制住脚步，一阵狂风吹过，杨丽芝被猛地吹倒。紧跟而上的同事扶起杨丽芝，开玩笑说："你刚才的动作就是标准的卧倒。"从此，"卧倒"的外号便跟随着杨丽芝。一直到今天，老同事们见面仍会打趣她，仿佛几十年光阴未走，她仍是刚进地质队时的那个小小"丽伢子"。

杨丽芝从小爱水，所以选择了"接地气"的水文地质专业。

"丽伢子"身形虽小，心却极大。杨丽芝的讲述回到了她八岁的那一年。

"锦绣河山美如画，祖国建设跨骏马……头顶天山鹅毛雪，面对戈壁大风沙……"她轻轻唱了出来，眼里有光，神情有向往。杨丽芝的老家在湖南省沅江市南湖村，八岁的时候，村里进驻过一支石油勘探队，其中几名队员就借住在她家。勘探队员们每天早出晚归，回家时身上总带着田野的气息，小小的杨丽芝觉得他们"自由，而且浪漫"。勘探队结束项目离开时，杨丽芝已经能把《我为祖国献石油》唱得有模有样了，她有了一个"头戴铝盔走天涯"的地质梦。

18岁高考那年，杨丽芝一口气填报了三个与地质相关的院校，最终被武汉地质学院水文地质专业录取。"开学第一课，学长来演讲，主题叫'我为祖国地质事业献青春'，但我觉得，我不仅要献青春，还要把一生献给地质事业，才配得上我心里的那份热爱，那份浪漫主义。"

但现实往往是和浪漫主义相去甚远的。因为向往大山与大海，大学毕业时，杨丽芝没和父母商量，就背起行囊独自踏上北上的列车，位于济南的"山东省八〇一水文地质大队"是她的目的地。然而，没等喝到趵突泉边的泉水茶，也没来得及看一眼大明湖畔的垂柳，报到的第二天，杨丽芝就被分配到了100多公里外的马尚镇野外基地。

"一去分队基地，我蒙了，院子里全是草。选这个专业是因为觉得浪漫，想象中的野外是大漠戈壁，夜里有璀璨星河，即使是草，也该是离离原上草，哪料到是一院子的荒草？"说到这里，杨丽芝忍不住笑了。

简陋的居住条件只是最初的下马威。华北平原多丘陵地形，很多勘探现场是在离队部有一段距离的山坡上。有路但是汽车上不去，只能骑自行车。身高只有 1.55 米、从没骑过自行车的杨丽芝又一次蒙了。紧接着，馒头、大葱、过冬的大白菜，让这个南方妹子更蒙了。

但是，她有她的坚韧，背着铺盖卷搭乘油罐车，没房子就借住养鸡的棚户，三伏天里带着蛇药上山，三九天里大雪中站一夜……"谁让我喜欢这个专业呢？既然说好要为地质献一生，再苦也不怕。"

湘妹子成了"沂蒙山的好闺女"

采访时，杨丽芝为记者递上一杯茶，她问："你能喝出水的不同吗？"记者刚要细品，杨丽芝却迫不及待揭晓了谜底："济南的自来水是黄河水，不好喝，好喝的是泉水，我们用来泡茶。泉水泡茶，茶汤的颜色都不一样。"在济南生活了半辈子，杨丽芝也爱上了那口老济南的泉水茶。

她和水有缘。湘南湖滨沅江市，因"沅水所归宿之地"而得名，沅水穿城而过，汇入八百里洞庭，是古时就有的天然湿地、水乡泽国。出生在这里的杨丽芝自小就和水亲近。

杨丽芝自豪地告诉记者："和其他地质专业比起来，水文地质特别接地气，比如，这个专业最重要的作用之一，就是帮老百姓打井，找生活生产用水，再有就是做水文普查，这些工作的开展都需要和当地百姓有密切的接触和交往，我们女同志比男同志就有了明显的优势。"

虽然操着一口"南方普通话"，但杨丽芝从来"不拿自己当外人"。

2011年春，山东省遭遇百年一遇的大旱，国土资源部和山东省政府联合开展全国国土资源系统抗旱找水打井行动。在"红嫂的故乡"沂南县，第一眼水井出水时，村里的人像当年拥戴子弟兵一样将地质队的队员们围了个团团转。几位大娘对着杨丽芝唱起《沂蒙山小调》，拥着她说："你就是咱沂蒙山的好闺女！"

"因为喜欢水所以选择水文地质专业，却常年工作在最缺水的地方，会觉得有遗憾吗？"记者忍不住问道。杨丽芝摇了摇头："找水、保水，也是对水的一种爱，家乡是水乡，济南不也是泉城吗？"

家家泉水，户户垂杨，泉水是济南的名片。但自从进入20世纪70年代，由于过度地开采地下水以及城市建设的扩张，导致泉水经常停喷。为了弄清济南地下水的复杂分布，摸清"泉脉"，2010年，杨丽芝便申请立项，为济南建立完整的城市三维可视化地质模型。杨丽芝给记者打了个比方："三维地质模型就像医学上使用的人体模型，医生可以看到什么器官在什么位置，血管怎么分布，同样地，泉水怎么汇聚，流经哪里，在地质模型里也都一清二楚。"

泉城济南，也是全国著名的"堵城"，老城道路改建困难，迫切需要发展地下交通。20世纪80年代，济南就展开了最初一轮地下交通建设讨论。后来，论证慢慢成熟，却在杨丽芝这一关碰到了"铁壁"。

泉城广场，济南市区的正中心，是人流最密集、交通流量最大的区域。线路征求意见时，杨丽芝抬手一挥，将纵横穿越广场的两条线路齐齐抹去。这一决定，让地铁从此为泉脉让路。

"地质构造不可改变，地质上的奇观无法再生，保住泉脉，才是保住城市的根本。"杨丽芝坚定地说。

（文／臧运卓）

"60后"施一公：
做学问是最浪漫的事

施一公，1967年出生于郑州，1989年毕业于清华大学生物科学与技术系，同年赴美国留学，历任普林斯顿大学分子生物学系助理教授、副教授、终身讲席教授。2007年，全职回到清华大学，从事教研工作。曾任清华大学副校长，现任清华大学生命科学与医学研究院院长、西湖大学校长，中国科学院院士。

> 做学问、做科研是最浪漫的事情。
>
> ——施一公

2017年，施一公接受我们的采访，提前一周就安排好了，但只预留了半个小时：11月30日14:45—15:15。原因是他正忙着写一篇投给美国《科学》杂志的文章，12月2日0:00是他给自己设定的最后投稿期限。而此前的11月17日，他和他的团队刚刚在《细胞》杂志上发表了一篇论文。

《细胞》《自然》《科学》（合称CNS）是世界公认的三大自然科学类权威学术期刊，施一公团队这样的发文频率，如果放在十年前的中国科学界，是难以想象的。"从1984年清华大学恢复生物系到2009年，全系在《科学》

杂志上只发表过一篇研究论文。但在过去八年中，我们在《自然》和《科学》上一共发表了 60 多篇。清华强，则中国强。这五年在结构生物学领域，我们可以自豪地说，世界上不会有任何一所大学比清华大学发展得更快。我们完成了从远远地看着别人领跑，到跟跑，再到现在领跑的飞跃。"施一公自豪地说。

2017 年 10 月 29 日，施一公获得未来科学大奖生命科学奖及 100 万美元奖金，以表彰他在"解析真核信使 RNA 剪接体这一关键复合物的结构"方面为世界作出的贡献。

骄人的成绩不是凭空得来的。施一公是一位结构生物学家，同时又身兼数职：清华大学副校长、中国科学院院士、全国人大代表、美国艺术与科学学院院士、美国国家科学院外籍院士……他通常提前两周或一个月，甚至一年就安排好工作，按照与科研、教学的相关性排序，凡是"别人去和我去效果差不多的"，就坚决推掉。"总之，50% 时间做科研的底线不能突破。"

对他来说，当科学家是最酷的事情。

世界上独一无二的喜悦

父母对子女的基因遗传以 DNA 作为载体来实现，DNA 储存的遗传信息决定了我们从一个受精卵发育成一个胚胎，变成一个婴儿出生，一步步发育成熟，又至衰老。在这个过程中，DNA 中的遗传信息首先要转化成蛋白质，已知的生命活动绝大多数是由蛋白质来执行完成的。这个遗传信息从 DNA 转化为具有各种结构、执行各种功能的蛋白质的过程，就是生物学界的中心法则。中心法则有三步：第一步，从 DNA 到前体信使 RNA；第二步，由不成熟的前体信使 RNA 到成熟的信使 RNA；第三步，从成熟的信使 RNA 翻译成蛋白质。

在第一步，起催化作用的 RNA 聚合酶的结构解析，获得了 2006 年的诺贝尔化学奖。在第三步，起催化作用的核糖体的结构解析，获得了 2009 年的诺贝尔化学奖。中间这一步，也就是"剪接"，由剪接体完成，是最复杂的一步，正是施一公的主攻方向。

在 2015 年之前，已知的剪接体结构信息都是片段。就像一个大拼图，科学家只能看到其中一两个小图块，看不到整体样貌。2015 年 4 月底，施一公第一次看到了酵母剪接体的完整结构。"看到了每一个拼图的小片周围是哪些其他的图块，它们是如何组合在一起成为一台漂亮机器的。"他兴奋得一晚上没睡着。那段时间，他深刻地体验到了科学之酷。"天天跟打了兴奋剂似的，不知道累，也不知道困，持续了两个月。好比我从小在河南农村长大，上大学时第一次来到首都北京，感觉很激动。"这个发现，也令世界学术界为之一振。

如今，施一公团队解析了酵母剪接体七个工作状态中的六个。相比于低等的酵母，人类剪接体更大更复杂，人类剪接体高分辨率结构解析的第一个突破就是由施一公团队完成的——他们在 2017 年 5 月的《细胞》杂志上，第一次报道了人类剪接体近原子分辨率的三维结构。12 月 2 日前夕提交的论文，主题就是人类剪接体的更多状态。

"剪接异常会导致什么疾病？您的研究成果怎样帮助人类预防这样的疾病？"曾有中学生向施一公提出这个问题。施一公回答说，人类的遗传疾病大约有 35％ 是由于剪接异常造成的。几年前，美国发现了一种肌肉萎缩遗传病，孩子一岁还不会翻身，手抬不起来，如果不及时治疗，两岁之内就会夭折。科学家判断，这可能与剪接异常有关，就据此制作了一种药。结果临床试验表明，这种药果然有效，孩子的身体情况有所好转。施一公说，之所以取得治疗成效，得益于基础研究中的发现。"经常有学生给我写信说，我的亲人得了癌症或其他什么病，我不想学习了，想赶紧去制药公司。而我总对学生讲，不要急功近利。前沿制药研究能走多远，取决于基础研究的成果，基础研究的发现推动整个世界的发展。就像盖大楼，地基打不深，楼一定盖不高。"早年他在美国时，有一个"简单的、自己都没意识到的发现"被一家制药公司盯上了。对方主动找他咨询，直到现在还有电话联系。"这些公司非常敏感，不愿漏掉任何一个有意义的基础研究发现。"

1990 年，施一公赴美国约翰斯·霍普金斯大学攻读生物物理学及化学博士学位。刚到美国留学时，他也曾想过转行学计算机，学经济管理。"没想到，一进入实验室，就发现科学研究这个殿堂是如此之神妙，超乎你的想象。"他坚定了做基础研究的决心，"尤其是研究取得突破之后，那种快乐是无与伦比的，是一种世界上独一无二的喜悦"。

1995 年，施一公获得博士学位。"尽管觉得已经板上钉钉会去做学问，但我仍然面试了几个职位。我拿到了一家保险公司中国首席代表的职位。面试我的人说：中国的保险市场刚刚放开，你加盟我们，开拓中国市场，转眼间就能拿到六位数的收入。我听了，觉得这很好玩，但不够浪漫。我去面试的主要目的就是说服自己，做学问、做科研是最浪漫的事情。"

"爱管闲事"的科学家

施一公说自己"做人做学术直截了当，眼睛里揉不得沙子"。除了在实验室做研究，还有一件事他不会限制自己的时间：和信任的同事共同为政府部门提供实质性的政策建议。

2010 年 1 月 26 日，施一公受邀到国务院，与科教文卫各界代表就当年的《政府工作报告》发表意见建议。时任国务院总理温家宝说："就经济本身而言，没有科技支撑，人的素质的提高，经济就不可能有跨越和可持续的发展。转变发展方式的关键，就是要把经济发展转移到依靠科技进步和提高劳动者素质的轨道上来。"施一公本来准备了一篇发言稿，听到温家宝的这些话，他脱稿说了起来："您在多个场合表达了对中国大师级人才求贤若渴的心情。但是没有世界一流的大学，就不可能培养世界一流的人才。加快世界一流大学建设，应该写进《政府工作报告》中。"他又指出了当前中国大学发展中存在的一些急功近利的现象。温家宝听后说："一些大学功利化，什么都和钱挂钩，这是个要命的问题。"施一公还记得，那次他最后说："总理，请您相信，我们会前仆后继，一定能把中国的大学建成世界一流。"那一年的《政府工作报告》中，第一次写入了"创建若干一流大学，培养杰出人才"。2017年的《政府工作报告》中，这句话已经发展成"双一流"：推进世界一流大学和一流学科建设。

还有一件事和施一公有关：教育部、财政部下发通知，提高中央部委所属高校博士研究生补助金标准，由原来的300元/月提高到1000元/月。此前，施一公和美国杜克大学教授王小凡、北京大学生命科学学院院长饶毅等人，联名给时任国务委员刘延东写了一封信，邀请80位学者签名，希望提高博士生的待遇。"每月300块钱，作为一名博士生，基本没有尊严可言，太苦了，怎么去做研究？怎么让农村孩子在做研究的同时不担心日常的生活？"

2017年1月16日，国务院总理李克强就《政府工作报告》召开座谈会，施一公参加，又提到了博士生的待遇问题："科技发展靠什么？除了经费投入，最重要的就是人才！"当时，演员葛优也在会场。不少人开玩笑说，施一公这句话抢了葛优在电影《天下无贼》中的台词。施一公进一步说，要用国际化的条件吸引具有国际竞争力的顶尖人才，建立长期稳定支持优秀科学家的机制，关注博士后和研究生这些人才后备力量，提高研究生补助标准。李克强当即表示："施一公，你提的建议非常重要！""1000

块钱确实太低了，而且是若干年前的。""财政部和教育部，你们抓紧解决。""要优先把提高基础助学金这个问题解决了。"

3月5日，李克强在作《政府工作报告》时说："提高博士研究生国家助学金补助标准。"不到一个月，财政部、教育部下发通知，中央部委所属高校博士生补助标准提升至1250元/月。"中国要发展，青年人是我们最依赖、最寄予厚望的人。"施一公对记者说道。

在参加国务院的座谈会时，施一公心里还挂念着另一件事。2017年1月8日，吉林大学地球物理学家黄大年因病医治无效去世，年仅58岁。施一公和黄大年相熟。"他去世前三年，我就经常向我其他的朋友介绍他：这是赤胆忠心、为中国玩命的人，他觉得我们的使命就是要把中国的科技搞上去，就是要帮中国富强。"黄大年病危期间，施一公电话联系了中组部人才局，请求医疗上的支持。黄大年不幸去世之后，施一公和同人们又建议中组部人才局，向全国人民介绍黄大年的事迹。"如果我们培养的人才都像黄大年这样，我们国家的科技水平会在昼夜之间赶上美国。"

施一公说，自己是个"爱管闲事"的人。他的妻子赵仁滨，同样毕业于清华大学，对丈夫的评价是"挺简单的"。1988年的一天，正读大三的施一公在公交车上看到一个小伙子不肯给一位白发老人让座，就上前和小伙子理论，劝他让座，小伙子不听。"我只好动手，强行把他赶到了他该站的地方。"施一公向记者回忆道。

拼命努力，只怕辜负父亲的期望

"一个人的性格跟基因有很大关系，大部分是父母遗传下来的。"施一公说。他的父母分别毕业于哈尔滨工业大学和北京矿业学院，都是20世纪50年代的大学生。1962年，父亲施怀琳毕业后被分配到河南省电力工业局，次年母亲也被调到郑州，与父亲在同一个单位工作。1967 年 5 月 5 日，施一公出生，父亲为他取名"一公"，寄望于他一心为公。

1969 年，施一公跟随父母被下放到河南省驻马店地区汝南县小郭庄劳动。施怀琳不久就成了全村 90 多口人的义务理发师，每年春节前还免费为乡亲们裁剪、制作近百件衣裤。他还架起一根根用树干削制而成的电线杆，使小郭庄成为附近十多个村庄中第一个通电的村。"乡亲们为了感谢我们家的帮助，常常拿来自己家里的土特产，比如红薯干、豌豆角等，父母则还以一些白面细粮。"而当时，施家也不富裕，晚餐经常没有热菜。

三年后，施怀琳的工作调动到驻马店地区工业局。在施一公印象中，即使在那个特殊的年代，父亲依然"很大气，很开朗，很有范儿"。1977 年恢复高考，十岁的施一公常看到父亲给表哥、表姐和大姐辅导数理化。"在地上拿一块石头随便画几下，写一写，然后再擦掉重写。x^2、圆周率 π、一元二次方程、氧气和氢气变成水……我当时一点都听不懂，但感觉科学真酷！"

施怀琳曾当过一家工厂的厂长，厂里分房子的时候，"到我们家送礼的人很多，不少人拿着一串一串的香蕉。那时香蕉是奢侈品，能吃一根香蕉是件了不得的事。还有送烟送酒的。无一例外，我父亲全部挡回去。我那时候还是个孩子，看别人把香蕉拎进来又拎走，口水都快流出来了。我很奇怪，父亲怎么这么'不近情理'"。

1987 年，施怀琳骑自行车时被一辆出租车撞倒，不治身亡。多年过去，父亲的身影似乎从没离开过施一公。"有时我很难理解，社会上为什么会有那么多麻木不仁的人。"2009 年前后的一天，夜里两点多钟，施一公在骑自行车回公寓的路上，看到一个穿军大衣的老人，正在路边用竹棍扒拉垃圾。当时风很大，施一公顿觉酸楚，上前说："大爷，这么晚了，您还在……"一边说一边从衣兜里摸出了百十块钱，往老人兜里塞。老人拼命拦着不要，但施一公也没有多说，塞完就走了，"感觉非常难受"。"我觉得他和我父亲有一种内在的相似，我父亲就是这样的人，自食其力，不愿意打扰别人，努力用自己的行动改变一些东西。"

2015年1月5日是施怀琳的80岁冥寿。这天，施一公恰好在父亲的出生地杭州开会。在酒店里，他想起父亲，泪流满面，写下一句话："27年来，儿子拼命努力，只怕辜负了您的期望。"

"恨不得将平生所学都教给他们"

父亲去世后，母亲的身体也慢慢出现状况。当时，施一公在美国工作，想把母亲带到身边好好照顾。可是母亲到北京的美国大使馆办签证时，四次被拒签，最后一次是在2000年。这次母亲和签证官吵了起来："如果不是我儿子请我去，我这辈子都不会跨进你美国一步。"在这种情况下，施一公与妻子商量，加入美国国籍，把母亲也移民到美国。可是母亲在美国待了两年，很不习惯，又回到中国。施一公回国工作之后把国籍也换了回来。

早在1995年博士毕业时，施一公就有回国工作的打算。妻子说："中国不缺你这一个博士，你回去能干啥？"施一公半开玩笑说："至少我可以做三件事：去中学当英文老师或数学老师；如果中学不要我，说我没有做老师的资质，我可以去做导游，我喜欢旅游，我可以用中英文讲解；如果还不行，就开出租车。北京街头出租车司机喜欢跟乘客侃大山，多酷，多豪爽。"

后来，他还是在美国留了下来，希望"能走多远走多远，一直走到顶点再回国"。2003年，他成为普林斯顿大学分子生物学系史上最年轻的正教授，年仅36岁；四年后，被授予普林斯顿大学最高级别教授职位——终身讲席教授。"普林斯顿大学是爱因斯坦生命最后22年度过的地方，风景秀丽，是神圣的学术殿堂。我拿到过哈佛大学的聘书，美国一大堆大学邀请我去做教授。但我去了这些学校，感到他们的环境很难与普林斯顿相比。如果纯做学术，我只会去普林斯顿大学。"

施一公在普林斯顿大学的实验室占了整整一层楼，是全系最大的，学校还资助他购买了500平方米的独栋别墅，还有一英亩的花园。但优厚的待遇并没能改变他惆怅的心情。"在美国总的感觉是很安逸，如果你这辈子只希望安逸地做研究，可以不回国。但是如果你有另一种想法，就要重新考虑一下。我们这代人，经常会说起这样的感情：每次回国讲学交流或短期访问，飞机落地的一瞬间都特别激动，觉得今后几天会非常激动人心，看到中国的变化、发展，无论城市还是农村变化都很大，会很激动，但我只是一个旁观者。在美国，今天都可以预测到几十年后的生活：无非房子会再大一些，钱挣得再多一些，在学术界的名声再大一些。但在中国，生活的变化预测不到。"施一公说。

2006年5月，施一公回国参加中国生物物理学年会。其间，时任清华大学党委书记陈希找到他说："清华急需人才，希望一公回国。"在与妻子商量后，施一公只用了一个晚上就接受了这个邀请，并于2007年全职回国。妻子暂时在美国打理后续杂事。回国后，施一公把感受告诉了妻子："我在普林斯顿大学讲课时很尽责，那时我只是履行一份工作责任。现在讲课时，下面全是黄皮肤黑眼睛的中国人，感觉他们就像是自己的孩子，我恨不得将平生所学都教给他们。"听到这些，妻子觉得丈夫的决定是对的，也于2008年辞去世界500强公司的工作回国。

一时间，施一公成为新一代"海归"的代表人物。他说，回国的根本目的是育人。回国后不久，他就和北京大学的饶毅、陈十一等科学家联名起草了一份建议书，希望国家实施"国家教授计划"，用特殊的方案和政策积极引进海外高层次人才。"我们当时做过调研。以生命科学为例，2007

年，在美国 34 个州的研究型大学中，担任生命科学学科的助理教授、副教授或者教授的华人有 2600 人，其中教授超过 800 人。这个数字和 1998 年相比，增长了 15—30 倍。至少证明，中国在海外的人才资源是世界一流的。"施一公说，"恰好当时中央有关部门已经在着手研究和制定引进海外高层次人才的政策措施，我们的建议恰逢其时。"

既忙着做科研，又忙于公职事务，有时还爱"管点闲事"，施一公说自己"体力上有点筋疲力尽，但精神上生龙活虎"。20 世纪 80 年代的清华校园里，每天下午四点半就会响起"锻炼身体，为祖国健康工作五十年"的广播。今天，施一公自我鼓励道："50 年对我来说可能已是奢谈，但我会尽力争取为祖国健康工作 30 年。"

（文／田亮）

"70 后"潘建伟：

与量子"纠缠"二十多年

潘建伟，1970 年出生于浙江东阳，1992—1995 年在中国科学技术大学先后获学士、硕士学位，1999 年获奥地利维也纳大学博士学位，2001 年回国任教。现为中国科学技术大学常务副校长，墨子号量子科学实验卫星和"京沪干线"量子通信网络首席科学家。

> 不管时代如何变迁，个人的命运总是和国家紧密相连的，所以我经常跟去国外学习的年轻人说，学成了要回国。
>
> ——潘建伟

当脱下实验室白大褂，换上西装，站在未来科学大奖的领奖台上时，潘建伟有些犯难。倒不是这身行头让他不自在，而是自己的获奖感言跟别人"撞车"了。"我遇到一个大难题，本来我也想好了获奖感言。结果发现，我想讲的内容和次序跟施一公的一模一样。没想到我们都想了好久，连次序都是一样的，但我可不是剽窃啊！"场下响起一阵善意的笑声。潘建伟"没有办法"，还是按原计划发表了感言——短短几分钟，他用了 20 个"感谢"。

从浙江东阳的农村娃，到墨子号量子科学实验卫星和"京沪干线"量子通信网络首席科学家，潘建伟一路走来，深感不易，心怀感恩。这份不易不仅有关于自己的人生经历，更有关于中国科技的发展和普及。

出去是为了更好地回来

有的同事说很羡慕我，因为我组里的人不管出（国）去了多少，最后都回来了。对于科学家来说，出国留学、工作也不是什么新鲜事，关键是出国的目的是什么。我是 1987 年考入中国科学技术大学近代物理系的，本科时接触到了量子力学。从一开始，我就被量子力学给搞糊涂了。像量子叠加、量子纠缠的问题，当时我觉得是不应该发生的，有一次期中考试还因此差点没及格。要搞清楚这类问题必须通过实验，但当时国内还不具备这个条件，所以没办法，1996 年我硕士毕业后就选择了出国留学，到奥地利攻读博士学位。

那年国庆节之后，我先到维也纳，然后转火车去因斯布鲁克。到了之后，我把行李一扔就跑到导师塞林格的办公室里。他的办公室窗外就是阿尔卑斯山，景色很美。他问我："你的梦想是什么？"我也不知道自己当时是想好了还是没想好，反正张口就说："我将来就想在中国建一个像您这里的实验室，世界一流的量子光学实验室。"他点点头，说很好啊。从 1997 年开始，留学期间，我每年都趁着假期回中国科大讲学，提一些量子信息领域的发展建议，也尽力带动一些研究人员进入这个领域。

现在回想起来，我当初出国的目的就是把那些问题搞清楚，然后更好地回来工作。所以 2001 年的时候，我就回国在中国科大组建了物理与量子信息实验室。

在国外的那些年，除了学习先进的科学技术，还有两件事让我印象很深。有一次，我在阿尔卑斯山大峡谷，遇到了一位大概 80 岁、满头白发的老太太。她坐在轮椅上问我是干什么的，我说是做量子物理的。她又问："你做哪一方面？"我说是做量子信息、量子态隐形传输，就像时空穿越里面的东西。老太太若有所悟地说："我知道你，我读过你在《自然》杂志发表的那篇文章。"我万万没想到，一个80多岁的老太太竟然去读艰涩难懂的科学期刊。还有一次，我在德国海德堡做了一个手术，醒来以后护士正好站在病床前。她问我："潘教授，您是不是研究跟时空穿越类似的东西啊？"我点了点头。她兴奋地说："那能给我讲讲吗？"当时，我鼻子里插着管子，不太方便，就跟她说："现在讲不了，我回头给你点资料吧。"老太太和护士都是普通人，但她们对科学的兴趣让我深受感动，这是一种天生的好奇。所以我现在在国内也经常做科普演讲，尽量用最生动的方法讲科学，人们很感兴趣。中国人对科学越来越有兴趣，这是好事。

眼泪唰唰地往下流

在我们自己的研究院，也就是中国科学院量子信息与量子科技创新研究院门厅入口的墙壁上，刻着一段话："回想自己的一生，经历过许多坎坷，唯一的希望就是祖国繁荣昌盛，科学发达。我们已经尽了自己的力量，但国家尚未摆脱贫困与落后，尚需当今与后世无私的有为青年再接再厉，继续努力。"这是核物理学家赵忠尧前辈的话，我和同事们进进出出总能看到。赵忠尧先生早年曾在欧美留学、工作，1950年顶着美国的政治压力回国，后来担任了中国科大近代物理系首任系主任，为新中国的科学发展作出巨大的贡献。

老一辈科学家对国家、民族的感情，一直对我的影响都很大。1999年我还在国外，赶上国庆50周年。在中国驻奥地利大使馆，我看了一部有关两弹一星元勋的纪录片，里面讲到物理学家郭永怀的故事。1968年，郭永怀在青海试验基地发现了一条重要线索，于是乘机赶回北京汇报，没想到飞机失事了。飞机坠落前，他和自己的警卫员紧紧抱在一起，中间夹着装了数据资料的公文包。出事后，他们的遗体都被烧焦了，人们费了好大的劲才把遗体分开，然后发现了完好无损的公文包。对他们来说，数据比生命都重要。这段故事，我终生难忘。别人说我当时眼睛里有泪，其实我是完全忍不住了，眼泪唰唰地往下流。没有这些老一辈的科学家，就没有两弹一星，也就没有我们中国的大国地位。

还有理论物理学家贺贤土，也对中国核武器发展的贡献很大。原子弹、氢弹爆炸成功的时候，他的单位在北京花园街一带。爆炸成功的第二天早上，他们从单位出来一看，门口的地上有很多人写的字："人民感谢你们""你们为祖国争光了"……贺贤土先生说，看到地上那些字，感觉所有的艰难困苦都无所谓了。

在对科学的好奇上，我们跟这些老一辈科学家有着共同的精神血脉，在对国家的感情上也是一样。不管时代如何变迁，个人的命运总是和国家紧密相连的，所以我经常跟去国外学习的年轻人说，学成了要回国。我的学生陈宇翱——现在也是中国科大的教授了，曾在国外深造。2009年国庆节前，我给他发了条短信："宇翱，我正在人民大会堂看《复兴之路》，感触良多！甚希望你能努力学习提升自己，早日学成归国为民族复兴、科大复兴尽力！"他说自己当时正在做实验，收到短信真想扔下手里的活儿，马上回国。一个人和他的祖国，好比跟母亲、跟家庭的关系一样，有一种最朴素的情感和依恋。

量子通信，我们中国在世界领跑

现在，墨子号量子科学实验卫星和"京沪干线"量子通信网络很受关注，但很多人不太明白量子通信到底是怎么一回事。我正好是这两个项目的首席科学家，可以和大家简单、通俗地说一说。

我们知道，传统的光通信是以光为载体进行的，光脉冲里有很多很多光子。光通信的信号是可以被复制的，也可以被分成一模一样的两半。好比有一个文件，别人可以拿复印机复印一下上面的信息，我是不知道的；别人也可以把信号分成两半，我能读到，他也能读到。这样光通信就存在安全隐患，信息可能被别人窃取，我却浑然不知。

但是，量子通信就不一样了。如果中间有人来窃取信息，他无非有两种方法：复制或者分割。量子通信用最小的光量子做信息载体，无法被分割，恰好量子又有无法被复制的特性，所以窃取信息的人既无法复制信息，也分割不了信息，这就保证了信息的安全性。这就是量子通信最基本的特点和优点。除非他拿走这个信息，那我就收不到了，等于给我一个警报——信息被窃取了。所以量子通信说来也简单，本质和经典通信是一样的，只不过更安全。

我呢，工作说白了就是跟量子"纠缠"，梦想就是"操纵"量子，让量子更好地为我所用。从 2001 年回国创建实验室，到去年量子卫星发射，再到今年"京沪干线"开通，这是量子通信从基础研究到小规模应用、再到远距离应用的过程，也是我过去十五六年做的工作。可以说，我们中国的量子通信技术在世界上处于领跑地位。

工作之外，我自认为是一个热爱生活、享受生活的人。有时候，我喜欢一个人待着，远离喧闹的人群，自己静一静。在国外留学时，我会到莱茵河畔摘韭菜、荠菜。比较烦躁的时候，我就去旅行，去郊外甚至野外转一转。2003 年，我本来应该三月份去德国，但是想到浙江东阳老家的荠菜很好吃，这一走就吃不到这么好吃的荠菜了，所以我拖了一段时间，等春天荠菜采完了才走的，这也是生活的情调嘛。

做任何新领域的科研都是艰苦的探索，不过我觉得只要有决心，就一定能做成些事情。比如说，我 17 岁的时候在日记里写下一个心愿：希望经过多年努力，将来能娶我的一个女同学为妻。想要把这件事做成不容易。我从 17 岁开始努力，花了九年的时间，一直到 26 岁，她终于答应嫁给我了。这件事给了我足够的信心，我当时对自己说："这么难的事情都可以做成，这世界上还有什么做不成的事情呢？"

现在，我们处在一个大时代、新时代，能在国家的支持下，做成一些有益的事情，一些领先世界的事情，一些让国外同行也羡慕的事情，我很感恩。

（潘建伟 / 口述   李静涛 / 整理）

"超算追梦人"杨超：

让理想照进现实

杨超，1979 年出生于河北。2007 年获中国科学院软件研究所博士学位，现任该所并行软件与计算科学实验室副主任。2016 年 11 月带领团队获得世界高性能计算应用领域最高奖"戈登贝尔奖"。

> 我们有希望实现梦想，没有道理不坚持做下去。
>
> ——杨超

2016 年 11 月 13 日，杨超抵达美国盐湖城。全球超级计算大会（超算大会）会场附近的酒店早已被订满，他只订到一个老旧的汽车旅馆。办理入住手续时，前台正"接待"着两名警察，这里刚发生过一起案件。为了离会场近一点，杨超顾不上那么多，还是住了进来。出发前，他查了天气预报，当地气温 20 摄氏度左右。没过几天，盐湖城突然下了雪。他房间的门有裂缝，晚上冷风嗖嗖地刮进来。杨超裹了两床被子，蜷缩起来。周围没人知道，他肩负着重任。

四天后，杨超作为大气动力模拟（"千万核可扩展全球大气动力学全隐式模拟"）应用项目负责人，站在了超算大会陈述台上。台下坐满了世界超算研究领域的专家，他们当中任何人都可以在杨超陈述完毕后，走到话筒前提问。学术会议以严谨著称，报告人也尽量放低姿态。但杨超告诉记者，这次最高级别的学术报告，他讲得不太一样，那是一种"酣畅淋漓"的感觉。"答完最后一个问题，像打完了枪里的最后一颗子弹，"他说，"不知道这辈子是否再有机会体会到。"

"硬件搭台，软件唱戏"

2016 年 11 月 17 日，结果公布，杨超团队的大气动力模拟应用项目获国际高性能计算应用领域的最高奖——"戈登贝尔奖"。这个奖项设立于 1987 年，有"超算应用诺奖"之称。在此之前，我国超算应用团队从未入围这个奖项。

此次杨超代表团队参赛的项目，是建立在中国自主研发的超级计算机"神威·太湖之光"的基础上。如果没有超级计算机的支持，研究课题就成了空中楼阁。

据杨超介绍，"神威·太湖之光"的运算速度达每秒 9.3 亿亿次，相当于全球 72 亿人同时用计算器不间断计算 32 年。此前，中国国防科技大学研制的天河二号曾在超级计算机 500 强榜单上连续六度称雄，如今"神威·太湖之光"超越"天河"系列，成为世界上最快的超级计算机。

"但戈登贝尔奖不是奖给机器的。"杨超说，"它是硬件搭台，软件唱戏，戏文则是研究方法。之前国内外都曾质疑：'天河、神威的舞台搭得都挺好，但里面的戏是否有水平？'这个项目获奖打破了质疑。"

大气动力模拟应用项目未来就可以为气象部门所用，帮助模拟全球气候，使天气预报更精准化。"如果在鸟巢举行一场大型运动会，人们最关心的不是北京是否降雨，而是鸟巢上方是否降雨。但云层结构复杂多变，难以模拟，计算量极大。依靠这个研究方法就能预测极小范围的天气。"

此外，这种研究方法也可以帮助追踪雾霾。杨超解释说，雾霾是一种特殊的天气，追踪其成因涉及大规模数学运算，使用他们团队的研究方法可以做到精细化求解。"我们的研究还可以模拟飞机航行中所处的流场，用于测试新型飞机，因为很多应用问题最终面对的是相似的数学问题。"

一个科研团队的九年"马拉松"

记者采访时，杨超一再强调不能只写他自己，"我身后是一个科研团队"。确实，除了中国科学院软件研究所的科研人员外，团队骨干还有来自清华大学的薛巍、付昊桓，北京师范大学的王兰宁，他们分别带领着各自的科研小组参与其中。大气动力模拟应用项目的冲奖时间是一年，但立项已有九年。一个大型科研团队跑一场九年的"马拉松"，其中必有无数辛劳和酸甜苦辣。

"神威·太湖之光"超级计算机位于国家超级计算无锡中心。因项目需求，杨超常驻无锡。他有时连加三天班，每天睡一小时，"那是一种飘飘欲仙的感觉"。

有时加班到凌晨三点半，一抬头，偌大的机房只剩寥寥几人。"四十多岁的人了，抛家弃子，半夜三更还在调程序。"杨超说，为了这个项目，每个人都付出很多。薛巍是清华大学计算机系的副研究员，因为这个项目无法兼顾其他，2016年10月在研究员的职称答辩中没有通过。杨超觉得，如果评奖时间提前一些，结果可能就会不一样。

其实四年前，他们这个科研小组就曾冲过一次奖，但没有入围。杨超清楚记得，得知结果那天中午，几个人来到附近一家拉面馆，一人盯着一碗面。有人抛出了一个问题："假设奖励每人 100 万元，还想继续做这件事吗？"没人给予肯定的答复，因为"太累了"。但四年后，不存在那个假设的奖励，却没有人离开。杨超有了一种使命感："我知道项目组的水平在不断进步，很多人也觉得我们是重点冲奖团队。我们有希望实现梦想，没有道理不坚持做下去。"

另一个原因是杨超对这个领域的热爱。他从小对电脑有特别的偏好，上小学时在图书馆发现一本编程教材，如获至宝，他觉得那是个神秘的世界。杨超爱看武侠小说，在他心里，计算机就是另一个武侠世界，每当通过计算机完成一件事情，他都觉得像铸造了一件武器。"以前的超级计算机是几千核（中央处理器的核芯）、几万核，就像带着一个连、一个团打仗，如今'神威·太湖之光'是千万核级别，完成这种项目的难度呈指数级增长。"他痴迷于这样的世界，"就像指挥千军万马征战沙场"。

"禁售"倒逼推进超算国产化

2016 年"戈登贝尔奖"的获奖名单中，中国超算应用团队脱颖而出。这个奖项自从设置以来，几乎一直被美国和日本包揽。

30 年前，中国第一台超级计算机就是从美国人手里买来的。全国只有几位科学家能进入实验室，而且是在美国人的监督下。后来，我国逐步可以独立设计和制造巨型机了，却因各种技术短板受制于人，只能成为超级计算机的"大买家"，没有议价权。

在国家"863"项目的支持下，中国超算取得突破，全球超级计算机500 强榜单上，中国制造的名单越来越长，引起了美国的警惕。2015 年 4月，美国决定禁止向中国四家国家超级计算机机构出售"至强"芯片。

这次"禁售"却成了倒逼中国推进超算国产化的重要机遇。杨超说，美国超算机最高为 157 万核，我国天河二号有 312 万核，而"神威·太湖之光"达到了 1000 万核。虽然美国有长期积累的优势，但中国的硬件水平已高于美国，具有后发优势，下一代系统正在研制，部署了天河、神威、曙光"三驾马车"，后劲十足。

"之前我们顶级超算系统的总数始终与美国有差距，但今年已经与美国持平，甚至略有反超。"杨超认为，在应用领域，美国确实更具前瞻意识。"如今我们在应用领域有所突破，但只在点的维度，下一步还要把握整体方向，机遇与挑战并存。"

在杨超眼里，超级计算机代表着世界的未来。如今部分手机的处理器核数已达八核，十年后，可能普通手机的运算速度都能超越"神威·太湖之光"。他深信爱因斯坦的一句话：计算机是快速、精确和愚蠢的，人类是缓慢、不准确但聪明的，两者合二为一时，就能超越想象。

（文 / 王媛媛）

图书在版编目（ＣＩＰ）数据

国之脊梁：中国科学家的家国天下／《环球人物》
杂志社主编. —北京：东方出版社，2021.10
　　ISBN 978-7-5207-2388-6

　　Ⅰ.①国… Ⅱ.①环… Ⅲ.①科学家－生平事迹－中
国－现代 Ⅳ.①K826.1

　　中国版本图书馆CIP数据核字（2021）第184705号

国之脊梁：中国科学家的家国天下
（ GUO ZHI JILIANG: ZHONGGUO KEXUEJIA DE JIAGUO TIANXIA ）

主　　　编：《环球人物》杂志社
策划编辑：鲁艳芳
责任编辑：杭　超　陈　丹
出　　　版：东方出版社
发　　　行：人民东方出版传媒有限公司
地　　　址：北京市东城区朝阳门内大街166号
邮政编码：100010
印　　　刷：北京汇林印务有限公司
版　　　次：2021年10月第1版
印　　　次：2024年11月北京第20次印刷
开　　　本：710毫米×1000毫米　1/16
印　　　张：15
字　　　数：197千字
书　　　号：ISBN 978-7-5207-2388-6
定　　　价：59.80元
发行电话：（010）85924663　85924644　85924641